教师力 TEACHER
教学、科研和终身成长

老踏 著

清华大学出版社
北京

本书封面贴有清华大学出版社防伪标签，无标签者不得销售。
版权所有，侵权必究。举报：010-62782989，beiqinquan@tup.tsinghua.edu.cn。

图书在版编目（CIP）数据

教师力：教学、科研和终身成长/老踏著.—北京：清华大学出版社，2022.12（2024.11重印）
　　ISBN 978-7-302-62017-4

　　Ⅰ.①教… Ⅱ.①老… Ⅲ.①高等学校－师资培养－研究 Ⅳ.① G645.12

中国版本图书馆 CIP 数据核字 (2022) 第 191132 号

责任编辑：顾　强
封面设计：周　洋
版式设计：方加青
责任校对：王荣静
责任印制：沈　露

出版发行：清华大学出版社
　　　　　网　　址：https://www.tup.com.cn, https://www.wqxuetang.com
　　　　　地　　址：北京清华大学学研大厦 A 座　　邮　　编：100084
　　　　　社 总 机：010-83470000　　邮　　购：010-62786544
　　　　　投稿与读者服务：010-62776969, c-service@tup.tsinghua.edu.cn
　　　　　质 量 反 馈：010-62772015, zhiliang@tup.tsinghua.edu.cn
印 装 者：三河市东方印刷有限公司
经　　销：全国新华书店
开　　本：148mm×210mm　　印　　张：9.75　　字　　数：209 千字
版　　次：2022 年 12 月第 1 版　　印　　次：2024 年 11 月第 6 次印刷
定　　价：68.00 元

产品编号：097045-01

代序

向上发展的秘诀在于有梦想、肯努力

哪怕到了今天，一提到高校教师，很多人的印象依然是高学历、高收入、轻松自在而且远离俗世烦扰，简直太安逸。如果这种印象只是停留在社会大众认知偏差的层面也就算了，毕竟无伤大雅、可以接受，好印象总比坏印象或者没有印象要强。可一旦有人信以为真，带着不切实际的幻想冲进了大学校门，成为一名高校教师，那他注定是要失望甚至绝望的。因为除了"高学历"这条准入门槛之外，社会大众对于高校教师的认知还是有不少偏差的。现在，让我们揭开层层面纱，给出几条有关高校教师真实处境的事实描述。

高学历是必需的，但不是有了高学历就一定能进入高校，还得看是否名校毕业，专业是否对口，科研能力是否达标，教学水平是否符合要求。总之一句话，高学历是必要条件，但不是充分条件。

如果有幸经过资格审查、笔试、复试、面试、试讲等各个环节，过关斩将终于进入高校，高收入也不存在的。高校教师的工资、津贴、奖金、绩效、课时费、劳务费等收入其实也遵循二八定律。因此，在跻身20%相对高收入人群之前的漫长岁月里，高校教师的收入大概率会让高中毕业就去做其他工作的同班同学找到自信。如果确实优秀，入职即直接获得年薪制岗位，岗位考核的任务压力也会像一把达摩克利斯之剑那样高悬在头顶。轻松自在、岁月静好之类的事情就不要再去想了。

这就要说到下一个认知偏差。认为高校教师轻松自在，恐怕是对这个行业从业者最深的误解。教学、科研、带学生，掰开揉碎，桩桩件件，有上百道工序在那里等待着高校教师去一一落地。而且不管哪个环节出现失误，一个"当年不允许参加职称评审"的惩罚就足以让人心惊胆战，更不要说还有更严厉的各项处罚，比如对有违师德者会"一票否决"。

至于说到远离俗世烦扰，那就更是天方夜谭了。有人的地方就有江湖，高校怎么可能幸免？君不见每逢职称评审季，教师们摩拳擦掌，各显无边神通；八仙过海，尽显英雄本色。围绕硕士和博士的招生名额、国内外名校的访学名额、各级各类人才支持计划的名额、年终考核评优的名额等而展开的竞争，那就更是"群雄逐鹿"了。

说到底，高校教师行业也是"三百六十行"之一行，业内人士以职称晋升为核心而展开常态化、大规模、持续性的竞争，这才是这个行业的底层逻辑。而且随着竞争日趋激烈，非升即转、非升即走已经成为越来越多高校人力资源管理的常见动作，因工作繁重而引发的职业倦怠和因晋升无望而对行业"内卷"产生的抱怨更是此起彼伏、如影随形。

是的,这就是高校教师的真实处境,这就是高校教师行业的职业生态基本盘。看清真相并不能让人快乐,却可以让人回归现实、脚踏实地,直面真实的职场。好在这本书也不是哄人开心和提供慰藉的,而是要帮助高校青年教师,或者想要进入这个行业的人完成更重要的事情。在我看来,这个更重要的事情就是:作为一名高校青年教师,弄清究竟该怎样实现个人职业生涯的向上发展。

如果这个问题已经明确根植于你的内心并指引你找到了这本书,那足以证明你是一个有梦想的人。如果你还没有来得及思考这个问题,这本书也会帮你意识到它,进而提供系统化的解决方案。只要能满足"有梦想"和"肯努力"这两项要求,你就已经站在"开挂人生"的起点,而职业生涯的向上发展就只是技术性和时间上的问题。本书将从基础认知、关系经营、学历提升、教书育人、科研产出、职称晋升、转岗跳槽和职业规划八个模块,对关乎高校青年教师向上发展的关键变量进行逐一拆解,提供认知工具和实操指引。

那么,为什么由我来写这本书?这么说吧,我肯定不是高校教师里最优秀的人,职业发展也不是最顺利和最成功的,但我的经历会让更多人看到希望,我的经验也更有可能被复制,转化成你的行动方案。我是在一个五线城市的民族师范学院获得本科学历的,然后回到了同样五线城市的家乡,在一所中专学校任思政课教师,后来兼任了学生宿舍管理员。对,这就是我的职业起点。然后经过20多年的摸爬滚打,历经三次转岗、两次跳槽,辗转六座城市的六所高校,完成了从本科到博士后、从助教到教授的转变和晋升,目前在一所全国重点大学任教授和博士生导师。我的职业成就并不辉煌，甚至算不上有什么成就，我的职业生涯也算一波三折、起起落落，但也正因如此，我掉过的所有坑，都可以成为你的前车之鉴。另外，我也不会在书里故弄玄虚，更不会古板说教，而是结合个人经历，尽量用轻松诙谐的文字把高校青年教师向上发展的经验和方法和盘托出，让你一看就懂、一学就会。

以上就是我在这本书的正文之前想要说的话。希望每一位有梦想、肯努力的高校青年教师能够踩着我的肩膀，向着职业理想赋予自己的那个世界，奋然前行。

老踏

2022 年 6 月

目录

第一章
做大学老师前的思想准备
1

1. 大学老师三重门，想想你会在哪层 ……… 2
2. 抱怨环境说明你还没准备好 ……………… 7
3. 大学老师比较自在但绝不清闲 ………… 11
4. 五种能力决定了你的职业天花板 ……… 17
5. 行业"内卷"其实是个伪命题 ………… 22
6. 科研不是你以为的样子 ………………… 27
7. 不要只想着当个"教书匠" …………… 32

第二章
想成为好老师，要懂得平衡与掌控
37

1. 师生关系的诀窍是提供情绪价值 ……… 38
2. 同事关系的重点是和而不同 …………… 42
3. 牢记三句话，看清职场关系基本盘 …… 47
4. "半吊子"拎不清理想和现实的关系 … 52
5. 教学科研三七开，事业家庭双丰收 …… 56
6. 效果比效率更值得追求 ………………… 61
7. 选择比坚持更能体现你的智慧 ………… 66

第三章
升学历、拿文凭，学力比学历更重要
71

1. 关于"求学"你该知道的事 …………… 72
2. 选择专业方向要问自己三个问题 …… 76
3. 选导师比选学校重要…………………… 81
4. 主动进攻才是最好的防守 …………… 86
5. 不是刚需就不去费力"贴金" ………… 90
6. 想毕业就要"脱层皮" ………………… 93
7. 学力比学历重要………………………… 98

第四章
备好课、讲好课，轻松当个好导师
103

1. 备课需要"四件套"，一个都不能少 ‥104
2. 讲课是门手艺，需要修炼五项基本功 ‥110
3. 你的"优先级"决定了学生眼中的你 ‥116
4. 谁说评教成绩好的只能当讲师？ ……… 121
5. 师德既是"面子"，也是"里子" …… 125
6. 好导师不会把"这届学生不行"挂嘴边………………………………… 130
7. 想开好组会，你得做全流程管理 …… 134
8. 带好团队，需要五项领导力 ………… 138

第五章
发论文、拿项目，其实很简单
145

1. 问题意识是科研工作的起点 ………… 146
2. 论文选题有八种思路，总有一款适合你 …………………………………… 151
3. 论文框架搭建的三个基础模型 ……… 155

4. 避开正文写作中的四个误区 ………… 160
5. 题目、摘要和关键词马虎不得 ………… 164
6. 不讲究学术规范,早晚会出局 ………… 170
7. 要想获批科研项目,你的认知得
   跟上 …………………………………… 174
8. 这样写项目申请书,下个中标的就
   是你 …………………………………… 178
9. 想成为科研达人,要"打好组合拳" ‥ 187

第六章
补短板、破铁律,晋升职称并不难

193

1. 吃透政策才能补齐短板 ………………… 194
2. 评职称是"腾挪"的艺术 ……………… 198
3. 怎样打破"第一次参评必败"铁律 …… 202
4. 用你的代表作形成压倒性优势 ………… 206
5. 你越不可替代,评职称越顺利 ………… 210
6. 评职称的"赌徒思维"要不得 ………… 214
7. 晋升失败往往是因为太精明 …………… 218

第七章
转岗与跳槽,家人的支持最重要

223

1. 砖头、螺丝钉和 U 盘,你是哪种人才 ‥ 224
2. "非升即走"是件好事 ………………… 227
3. 你的动机决定你转岗/跳槽的成败 …… 232
4. 这样的用人单位不要去 ………………… 238
5. 你无法跨越自己的见识去跳槽 ………… 242

6. 凡事都有代价，别幻想完美的
   转岗/跳槽 …………………………… 248
7. 家人的理解和支持最重要 …………… 252

第八章
重规划、避风险，终身学习成大事

259

1. 时间其实是站在你这边的 ……………… 260
2. 要在职业全周期里做正确的事 ……… 265
3. 热爱本身就是最好的犒赏 ……………… 270
4. 靠谱是职业发展的助推器 ……………… 275
5. 软能力是对抗职业风险的"压舱石" … 280
6. 成就大事业，需要小窍门 ……………… 285
7. 没有终身学习的意识就别奢谈未来 …… 293

后记
"过好这一生"才是真正的战略

Chapter 1
第一章

做大学老师前的思想准备

  成为大学老师,进入高校教师职业赛道的起点应该是拥有一幅全息式高校教师职业认知地图。带上这幅地图就能穿过社会刻板印象的迷雾,把握高校教师的职业全貌。本章将提供这份认知地图,帮助高校青年教师了解这个职业的制高点,以及应具备怎样的能力、拥有怎样的境界才更容易到达那里,实现向上发展。

1. 大学老师三重门，想想你会在哪层

相信此刻正在翻看这本书的你是个胸怀梦想，想去大学做个老师的人，或者已经走上高校教师的工作岗位，雄赳赳、气昂昂，背起小行囊，要进入高校这方天地开疆拓土、生根发芽、茁壮成长。那么问题来了，你打算怎样"为人师"呢？说得再直白些，你想成为什么样的大学老师呢？

其实高校教师的工作内容都是差不多的，不管是在北京大学、清华大学还是地方院校，说到底无非三件事：教学、科研、带学生。但同样是"为人师"，这境界可就有着高下之分、天壤之别了。

关于"境界"的一个小故事

在我看来，"为人师"有三重境界。那么，都是哪三重呢？先来看个小故事。

有人路过一个建筑工地，看到几位瓦工正在忙着砌墙。于是就走过去问道："师傅，您这是在做什么呀？"

第一位瓦工不耐烦地拿瓦刀指了指墙，回答说："这不明摆着嘛，砌墙啊！"

第二位瓦工抬起头看看提问者，拍了拍自己已经砌好的墙，

笑着说:"我在盖大楼呢!"

第三位瓦工则放下手头的活儿,环顾了一下四周,满心骄傲地说:"我在建设一座新的城市!"

砌墙、盖大楼和建新城——这是三位瓦工的回答,这也是我眼中"为人师"的三重境界。我们一个个来说。

砌墙:为人师的第一重境界

砌墙,也就是在做手头的事儿,只考虑眼前的事儿。他们的座右铭是:当一天和尚撞一天钟,做个知识的搬运工。引申开去,大学老师嘛,只是一份养家糊口的差事而已;磕磕绊绊在所难免,只要不被开除,按月开工资就成。他们上课的时候呢,那就照本宣科,讲一堂是一堂,混一天是一天。用这种状态来讲课,那效果可想而知,应该类似于网络流行语里讲的"听君一席话,如听一席话"。他们也做科研、带学生,但所有的一切都只是为着完成最低考核目标。一想到每隔四五个月就能有一个假期,他们就非常向往,于是每天盼望着、盼望着。

另外,砌墙是在做简单重复性的工作,格局打不开,只在乎眼前这一步,多一步就不愿意去思考,更无法规划未来。也正由于这种人只愿意干一天算一天,所以他们的整个职业生涯便可以一眼望到了头。这种人只是把眼前这一天重复在了他们的整个职业生涯而已。

盖大楼：为人师的第二重境界

盖大楼，意味着虽然手头做的是同样的事儿，但是有了整体性思维，明确知晓自己正在做的这件事情对于所在系统的意义，脑子里是有规划的。就像马克思说的那样，"虽然蜜蜂建造蜂房使人间许多建筑师感到惭愧，但即使是最蹩脚的建筑师也比最灵巧的蜜蜂高明"。蜜蜂的行动出于本能，是无意识的，建筑师则是在发挥着自己的创造性和想象力，并且明确知道自己想要的是什么，目标感、方向感"爆棚"。

于是，处于"盖大楼"这重境界的老师，关注的是如何用自己的所知所想和所能所及去培养人才，去提供知识增量。他们要交付的也不是知识本身，而是以知识为载体来输出价值，激励学生成才，同时也用自己的科研成果去服务学科建设、社会需求和科技进步。而且，由于他们看到了工作背后的意义，所以他们反而能够更好地养家糊口，因为这只是他们提供知识增量、输出价值、培养社会栋梁的副产品。他们坚信自己正在从事一项非常重要的事业，这项事业值得他们持续投入时间和精力。

建新城：为人师的第三重境界

处于第三重境界的老师，不仅明确认识到自己手头工作对于所在系统的意义，也就是前面说的培养社会栋梁，服务学科建设、社会需求和科技进步等，还能超越这一系统看到全局，看到自己这份工作对于整个国家的发展、祖国的命运的价值。也就是说，他们真正厉害的地方在于，能把自己这份看似微不足道的工作和一个宏大命题、一个崇高的使命勾连在一起。从思维方式上来看，这叫作终局思维。

处于这重境界的人，不会被眼前一时一事的得失宠辱所困扰，因为他们看到了别人未曾见过的恢宏图景。这一图景使他们每天都会热情洋溢、充满自信地投入到工作之中，时刻被一种巨大的、无形而温暖的力量所包围、所感召、所指引。他们会非常珍惜自己的时间，会想尽一切办法提高工作效率、忘我工作，并且愿意不断尝试新的思路，不断优化工作流程，以期达到最优效果。他们在使命的召唤下工作，每每神情激荡，主场感"爆棚"。他们精力充沛、百折不挠，他们乐观进取、坚持不懈。这么说可能还是空泛，想想我国获得"两弹一星"元勋荣誉称号的科学家们，他们都是处于"建新城"境界的人。

呈现"为人师"境界的金字塔结构

为形成更加直观的印象，我尝试用一个金字塔的理想结构来呈现"为人师"的三重境界，如图 1-1 所示。图 1-1 展示了砌墙、盖大楼和建新城这三重境界的静态分布情况——境界越高，人数越少。大多数人处在第一重境界，到达第二重的人只是少数，能进入到第三重的人就寥若晨星了。

需要提示的是，这个金字塔结构虽然直观却也传递出一种错误的信号，似乎"为人师"是从第一重开始，然后一步步跃迁，是个"科层化"的过程。然而以我的有限观察，事实并非如此。"为

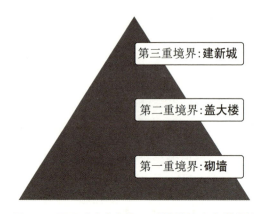

图 1-1 呈现"为人师"三重境界的金字塔结构

人师"的三重境界不是一点点积累和提升的,而更多是一种主观选择。有的人一入行就在第二重甚至第三重,而有的人干到退休也依然还在第一重。这也很好地解释了为什么有的人看上去勤勤恳恳地工作了一辈子却一事无成,有的人却可以时刻为内心的恢宏图景所感召,带着一往无前的信念与决心,让职业生涯从一个辉煌走向另一个辉煌。两者最大的差别不在于智商、情商、逆商以及稀奇古怪的各种"商",而在境界。

另外,不是成功之后才能达到更高的境界,而是更高的境界会引领你走向成功。埃隆·马斯克你应该不陌生,特斯拉的首席执行官。他希望人类可以实现跨星际旅行。2002 年,他成立了一家火箭公司,起名 Space X,他想在有生之年让一百万人移民火星,在那里建设人类的新家园。你瞧,他有终局思维,他在"建新城"。于是,他成了目前福布斯统计史上最有钱的人——这是他把自己的工作和全人类未来命运紧密相连所带来的副产品。

记住这张图,以及这里讨论的三重境界,并且问自己:我打算在哪重境界"为人师"？选择不同，境界不同，职业生涯也将大不相同。

> **要点总结**
>
> "为人师"有三重境界：砌墙、盖大楼和建新城。
>
> 这三重境界可以用一个金字塔结构来呈现。境界高低与人数多少成反比关系，通往平庸的道路总是人满为患，取得职业成功的人总是极少数。
>
> 本质上，境界不是逐渐积累、缓慢提升的，它更多的是一种主观选择。"为人师"的境界高低将直接决定一个人能否获得职业上的成功。

2. 抱怨环境说明你还没准备好

关于抱怨的危害，我是在自己的职业生涯中逐渐意识到的。我很庆幸自己最终意识到了这一点，同时也为自己的后知后觉感到惭愧。这篇文章要讨论抱怨的危害，以及为什么在入职成为高校教师的起步阶段，就要像防火防盗那样防范抱怨。停止抱怨，我们的整个职业生涯会有大不同。

抱怨会损耗你改变的勇气和意志

从我的职业经历说起吧。

大学本科毕业后我回到家乡,在一所中等职业技术学校当思政课教师,不久后又兼任了学生宿舍管理老师。后来这所学校被一墙之隔的地方本科学院给吞并了,红头文件上的措辞是"某某学校整体并入某某学院",然后我就成了这所学院的"两课"(马克思主义理论课和思想政治教育课)教师,站上本科生的讲台。后来我硕士博士一路为着提升学历而战,博士毕业后跳槽去了位于省会的省属重点大学。再后来,评上教授之后我又来到了现在的省内排名第一的全国重点大学。

然后重点来了,我发现一个有趣的现象(也许也没那么有趣):不管在哪个单位,中专还是大学,省内重点高校还是全国重点高校,我都能听到同事们的抱怨——对上级领导的抱怨,对教务处、人事处、财务处、科研处、学生处、保卫处等各种部门的抱怨,对年终考评、绩效考核、职称评定、薪酬分配等相关事宜的抱怨,但最多的是对学生的抱怨。总之,抱怨是常见的,简直是职场文化基因一样的存在。

刚到那所中专学校参加工作的时候,这些抱怨让我觉得很新鲜、很有趣,客观上也发挥了帮助我这职场小白融入环境、熟悉工作的作用。后来的我甚至也加入了抱怨的行列,原因很简单:吐槽真的让人爽啊,简直停不下来。

再后来,我爽不起来了。因为我逐渐意识到不管入职哪家单位,面对的都是同样的"抱怨文化"。于是我开始警觉起来——印象最深的是我博士毕业,费了九牛二虎之力总算和原单位解除劳动人事关系,把妻子、女儿留在家乡,只身一人入职距家乡两千多公里的省属重点大学。于是,每每听到新单位新同事们同样的抱怨时，我特别想说一句：知道吗，你们所抱怨的这里的一切，我是奋斗了8年（从2004年报考在职硕士到2012年博士毕业跳槽成功）才换来的。而这里的一切，不知比我以前单位要好上多少。

从那时起，他们的抱怨不再让我兴趣盎然了。我选择远离那些总在抱怨的同事，也尽量克制自己吐槽的冲动——虽然单身公寓的居住条件、迟迟无法解决的两地分居问题、评职称遭受的不公正对待等，让我有足够的理由抱怨。5年之后，当我再一次选择跳槽离开时，那些喜欢抱怨的人还在那里抱怨着，这个世界未曾因为他们的抱怨而改变一点点，他们自己的境况也从未发生什么改变。抱怨能暂时缓解周遭环境带给我们的各种压力和不快，而代价是它会永久性地损耗我们改变的勇气和意志。

停止抱怨，就是对外因控制论说"不"

抱怨是什么？在我看来（纯粹个人观点，心理学专业人士莫要笑话），它是由特定事件所引发的一系列负面情绪的外在表现形式。这里的特定事件可以是一种始料未及的局面、一个无可改变的事实或者一类深恶痛绝的现象等。由此引发的一系列负面情绪可以包括愤怒、怨恨、焦虑、悲伤、无奈等，于是人开始抱怨。

由此，抱怨其实是对外界强加于当事人的种种不公（也可能是当事人主观认为的"不公"）心存不满却又无从反抗、无可奈何、无能为力，于是触发了一种心理防御机制——通过采取批评与指责外在的人或事的方式，来缓解这种不公给自己造成的影响。

说到底，抱怨在本质上是承认自己处于这样一种状态：对现状不满却又无力改变。也就是说，抱怨其实就是表明了当事人的无能，承认自己无力改变。

组织行为学里有个理论叫作控制方位论。简单来说，这是一个分析个体对于出现的结果主要是由哪方面的原因来控制的理论。外因控制论者认为，出现某种结果主要由个人所处的外部环境和他人因素所控制；内因控制论者则与此相反，认为结果主要是由个人努力和主观能动性的发挥所控制。

如此看来，遇事儿总是喜欢抱怨的人，应该都是外因控制论者。持有这种思维习惯的人，会把一切不好的结果归咎于外在因素，而不会从自身寻找原因，缺乏自省的能力。当然，也正是由于他们把一切都归咎于环境和他人，他们也就不必承担自己向上发展的责任了。怀才不遇、遇人不淑、生不逢时，这些词汇都是他们逃避自己成长责任的"遮羞布"。每每以楚楚可怜的受害者姿态来示人，也以此来安慰自己。

好了，让我们再回到"高校"这个场景。现在的你已经明白我为什么要对单位里的"抱怨文化"保持警觉了，也知道我远离那些总在抱怨的同事以及努力克制自己"吐槽"冲动的原因了，是不是？我们是要向上发展的，而向上发展的首要前提是承担自己的责任。如果你非常喜欢抱怨，那么抱歉，这本书真的不适合你。正如我在序言里说过的那样，这本书是送给那些有梦想、肯努力的高校青年教师的。

这里的努力，可不包括努力地抱怨。

> **要点总结**
>
> 抱怨在本质上是承认自己处于这样一种状态：对现状不满却又无力改变。抱怨能缓解环境带来的压力和不快，而代价是永久性地损耗改变的勇气和意志。喜欢抱怨的人，会把一切不好的结果都归咎于外在因素，不会从自身寻找原因，反省自己。抱怨环境，说明当事人还没准备好承担自己职业生涯向上发展的责任。

3. 大学老师比较自在但绝不清闲

如果你和我一样已经是高校教师了，那么你一定会认同这篇文章标题里的观点——是的，大学老师比较自在但绝不清闲。如果你还没加入高校教师的队伍中来，那我就得好好解释一下，为啥大学老师，明明都承认自己比较自在了，还非得说自己忙。

一个场景"送命题"

相信每位高校教师对下面的场景都非常熟悉：上午 10 点多下楼去取快递在电梯间里，下午 4∶40 去接孩子放学回家，碰到邻居家的王大爷、李大妈或者楼上的孙大爷、田大妈。然后你礼貌地说："大爷/阿姨，您这遛弯呢？"大爷/大妈笑呵呵地回答："嗯嗯，是呀，小张你没课呀（对，你叫小张）？"然后你回答说:"是呢,下周才开课。"然后重点就来了——不管怎么寒暄,过程不重要,大爷/大妈的最后一句话一定是:"哎,还是你们大学老师清闲呀!"

每每这个时候,我猜你就只能尴尬又不失礼貌地微笑了。

而这时你的内心一定是:有没有搞错?您这天天楼下遛弯的都羡慕我这大学老师清闲?!错!我们只是比较自在而已,绝不清闲!

这里,我就结合个人经验来个现身说法,替你给大爷/大妈,以及想入职当高校教师的其他读者介绍一下高校教师的工作日常。正如前面提到过的,高校教师的主要工作就是三件事:教学、科研、带学生。我们一件件来看。

教学工作有多忙?

如果是专业学院的教师,无论是偏社会科学的文法学院、艺术与设计学院、经济管理学院还是偏自然科学的机械学院、材料学院、化工学院,那么你近三年讲授的课程数量一般不会少于10门。是的,你没看错。一般而言,越是新来的老师,授课数量越多,而那些参加工作10年以上的老教师在他们刚参加工作的时候,授课数量也不会比现在少多少。为什么?因为高校的扩招和学科专业的调整都是全国性和常态化的,学生多了,选修课自然就更多,学科专业的调整也相应地要求开出新课、取消老课。

于是,专业学院的教师也许一周只有12学时的课,但这12学时却分别属于5门课,其中的3门是新课。要讲这1个学时,也就是 45 分钟的新课，备课的时间可能 5 倍、10 倍于授课时长，更不要说还要编写教学大纲、写授课日志、制作 PPT 教学课件了。而且大学一般是两个学时连上的，一次就得讲上 90 分钟，想想看这备课的工作量有多大。

如果是公共课教师，比如你像从前的我一样是马克思主义学院的思政课教师，或者你在外语学院是名大学英语教师，或者你在体育学院是名大学体育教师，那么恭喜你，你讲授的课程门数显著减少了（一般也就 2~3 门），备课量会直线下降，但随之而来的却是授课班级显著增加了。为什么？因为这些公共课是要面向全校的本科生、硕士生和博士生开展教学工作的。

所以，公共课教师一周 20 学时的授课任务只是起步，一天 8 节课从早上到晚也是常有的事儿，甚至一周 30 学时也是有的（我的纪录是在家乡的地方学院创造的，一周 34 学时）。每每同一个授课内容要在 4 个、6 个甚至 12 个不同班级里去重复讲，绝对可以讲到让你怀疑人生。而且这里说班级可能不准确，因为每个班级都是"合班"，是由若干个自然班合在一起来上课的，我甚至还在大学生活动中心大礼堂，站在发言席给一千多名大一新生上过国防教育与军事训练课。对的，这一千多名学生就是 1 个"班级"。

话都说到这个份上，我再"爆个料"。其实对于公共课教师而言，上课还不是最难的，批阅试卷、核分、网录成绩和做试卷分析才真叫辛苦。这么说吧，我们马克思主义学院在组织课程考试时，是要组织年轻男老师们推个小推车去印刷厂取试卷的。

科研工作有多苦？

如果说教学是把"杀猪刀"，那么科研就更是一把无形的、时刻悬在你头上的"达摩克利斯之剑"了。

拿我 2021 年的科研工作为例。项目方面，我申报国家社科基金重点项目，没中；申报国家民委民族研究项目，没中；申报省社科规划重点项目，批了一个一般项目；申报省高校人文社科研究重点项目，中了；申报省社科发展重点研究课题，中了。同时，我协助完成部分研究内容论证的一项国家社科基金重大项目中了，我是子课题负责人。此外，我写的 20 万字的国家社科基金项目研究报告的结项评审结果是"修改后复审"，于是我废寝忘食一个多月，改了 5 万多字的内容提交复审，总算通过；另外还有一个省民委的民族领域研究项目做完了，顺利结项。

论文和著作方面，我 2021 年投稿论文 12 篇，到本书写成时，发表出来的只有 2 篇，还都是普通期刊。我在博士后出站报告的基础上增补完善后的 22 万字书稿终于通过了出版社的三审三校，在 2022 年六月份出版。另外，为了加强与同行、学界的交流，一年下来怎么也得去参加几次学术会议、开几场学术讲座。

你可能会说，我已经是教授、博士生导师了，为啥还要这么拼呢，享受生活不好吗？坦白讲，在我评上教授当上博士生导师之前也是这么想的，但后来的事实证明有关"等我评上教授了，我一定……"的任何誓言都不可能实现，因为高校的考核评价体系不允许我"躺平"。教授达不到聘任条件就会降格为副教授甚至讲师，博士生导师达不到考核要求就会失去招生资格，只有不断努力，才能留在原地。这么说吧，我曾经发誓评上教授之后一定买把吉他，把大学时代的爱好发扬光大。结果呢？我评上教授都七八年了，吉他硬是没时间买。

指导学生有多累？

还是以我为例。我所在学院的本科生从大学二年级开始分配学业指导老师，我现在是 5 名大四学生、5 名大三学生、8 名大二学生的学业指导老师，然后我每年招收 1 名博士生、1~3 名硕士生、1~3 名 MPA（公共管理硕士），目前我指导的研究生加起来有 13 人。而且我知道自己带研究生的数量恐怕在同行里算少的。现在大学普遍实行导师负责制，以上这些学生的学年论文（本科）、学业论文（硕士和博士）、"双创"指导（本科）、毕业设计（本科）与毕业论文指导以及学业成绩预警（本硕博）的干预，我都要负责。另外，如果是青年教师的话可能带学生的压力更大，因为他们评职称要求必须有 1~3 年不等的本科生班主任经历。

除了以上三项主要的、常规的工作任务之外，还有本科生学位论文的开题答辩和毕业答辩，硕士生博士生的入学面试以及学位论文的内审、开题答辩、中期答辩、毕业预答辩和毕业答辩，数不清的各种表格和材料的填报，纷至沓来的各种行政和学术委员会的会议需要参加，各种级别内容的教学改革、学科评估、学位点评估、专项评估更是越来越密集和常态化。

……

好了,王大爷、李大妈、孙大爷和田大妈,如果你们现在还觉得高校教师清闲,说得过去吗?

那么,高校教师工作这么多,都忙成这个德行了,为什么给人的印象却是比较自在呢?其实原因就一个,不坐班(个别学校要求入职一年之内需要坐班,但上下班时间稍微灵活一些)。而且在有些情况下,在成为行政领导和资深教授之前,你想坐班都没地方坐,因为单位压根就没有你的办公桌。

于是,除了学院或系里组织会议和集体学习的时候你会出现在单位的会议室里,其他时间,你或者奔走在各个教室去上课,或者在家里备课、写论文、填表格。工作就是这么多,但除了上课,其他时间基本是自行安排。前面提到的 10 点多下楼去取快递看起来很清闲,其实可能昨晚熬夜写论文到凌晨,今天下午有 4 节课要上,晚上还要给研究生开组会……这些工作任务,小区里的大爷大妈们是不知道的。

要点总结

大学老师比较自在是个事实,但绝不清闲。

比较自在的原因其实是高校不要求坐班,理论上除了上课之外的时间,都可以灵活安排,自己掌握。与此同时,高校教师教学、科研、带学生的工作量和工作压力都非常大,认为大学老师很清闲是一种刻板印象。

4. 五种能力决定了你的职业天花板

这篇文章,我想在对"能力"做出一般说明和解释的基础上,重点谈谈决定高校教师职业发展成就的五种必备能力。

能力科普:从通用能力到职业能力

能力可以分为一般能力和特殊能力。一般能力顾名思义,就是在日常生活场景中从事各类稀松平常的活动时所需具备的通用的、共性的能力;特殊能力则是一个人在职业活动领域中所需具备的,建立在一般能力基础之上的专门的、特定的能力。一般而言,越是"高精专"的职业,对于从业者的特殊能力的要求就越高。比如,飞行员需要具备准确判断方位、较长时间集中注意力、快速精确地做出反应的能力;基金经理需要具备良好的数据统计分析、投资风险控制、心理抗压管理的能力;厨师需要具备通晓某个菜系的烹调方法与技能、对菜式不断推陈出新的能力,等等。

一个人在职业领域做得越优秀,取得的成就越突出,往往意味着这个人的特殊能力越强;而一个人如果遇到了职业天花板,那道理也是一样的,这说明这个人的特殊能力已经不足以支撑他在这个职业领域内向上发展了。

需要说明的是,不同职业对于从业者所要具备的特殊能力类别各不相同,能力结构之中先天禀赋的占比也不太一样。这一特点也导致不同职业的入职门槛和向上发展的空间是很不一样的。

一般而言，对先天禀赋要求越高的职业，其入职的门槛也越高，比如作曲家、品酒师、程序员、赛车手，以至于我们把在这些职业领域取得非凡成就的人称为"天才"。有些职业则对天赋要求没那么高，更多强调后天的培养和在长期实践中所形成的经验，比如医生、律师、公务员和本书重点讨论的高校教师。

对，终于说到高校教师了。这篇文章重点介绍高校教师需要具备哪些能力，以及这些能力对于高校教师向上发展的影响。高校教师要想实现向上发展，以下五种能力缺一不可：语言能力、写作能力、沟通能力、领导能力和学习能力。

高校教师必备能力之一：语言能力

所谓语言能力，也就是语言表达能力。这个我想就不必多说了，高校教师嘛，自然是要开展教学工作的，而教学工作需要课堂授课。语言表达能力无论对于知识的传授、价值观的引导还是对课程教学目标的达成，都至关重要。如果语言表达能力不过基准线，很难成为一名称职的高校教师。

高校教师必备能力之二：写作能力

写作能力，也就是文字表述能力。以我接近 20 年的高校从业经验来看，这是帮助你在科研工作领域取得成绩的最重要能力。而你一旦在科研工作领域取得成绩，那也就意味着你有了在高校安身立命的"本钱"。我当然知道科研工作并不只是在写作，很多"正在进行时"的科研工作都和写作无关。但是,科研工作是一回事,科研成果却是另一回事。科研成果的重要性不言而喻,而对于科研成果而言,写作的重要性怎么强调都不过分。

想想看,论文是写出来的,专著是写出来的,教材是写出来的,调查报告、研究报告、咨政报告也是写出来的。技术专利和各级各类科研奖项不是写出来的,但是别忘记专利申请书和科研奖项申报书也都是写出来的。而想要获批立项各级各类科研项目,就更是少不了项目申请书的无休止写作。

高校教师必备能力之三:沟通能力

沟通能力,也就是传递信息、联络情感、交流思想的能力。其实只要是和人打交道的工作,都需要沟通能力。教育是培养人的社会活动,按德国哲学家雅斯贝尔斯的说法,教育的本质是一棵树摇动另一棵树,一朵云推动另一朵云,一个灵魂唤醒另一个灵魂。缺乏良好的沟通能力,高校教师的工作也就缺少了灵魂(这句话是我说的)。

高校教师必备能力之四:领导能力

领导能力,简单来讲,也就是带领团队实现目标的能力。你可能会说,我一个一线教师压根不想当什么领导,这种能力我真的需要吗?我的回答是当然需要。有领导能力并不是要让你当领导,而是更好地做好本职工作。别忘记高校教师除了教学和科研之外，还有一项重要的工作就是带学生。要想带学生，帮助他们顺利完成学业，成为社会栋梁，妥妥需要教师的领导能力。希望你及早意识到领导能力的重要性并且积极进行培养训练。而且说不定哪天你真的走上领导岗位啊。不管从哪个角度来看，这种能力都不能缺少。

高校教师必备能力之五：学习能力

学习能力有多重要恐怕我没必要再强调了，正如我没有去解释学习能力是什么那样。我只知道自己大四最后一个学期去当地中学实习的时候，讲课就是一块黑板、一个板擦和一支粉笔，教鞭用手指代替；写本科毕业论文的时候我是去学校图书馆借阅资料室里的纸质文献来研读。现在呢，我用上了教学多媒体设备，播放自制的教学课件PPT来辅助讲课；写论文都是坐在家里的笔记本电脑前面，通过电子文献数据库的检索和下载来了解学界研究进展。这些变化的背后，都有个人学习能力的加持。没有学习能力就没办法跟上时代的步伐，也就难以胜任高校教师的工作。

学习能力距离高校教师的本职工作最远却又最具价值，因为学习能力是能力背后的能力，是一种"元能力"。

五种必备能力之间的关系结构

如图1-2所示，我愿意用这样一个示意图来呈现决定高校教师职业天花板的五种能力之间的关系结构。如果想不断突破职业天花板向上发展，可以对自己的这五种能力做一个评估，然后行动起来补齐短板，别让"木桶效应"阻挡我们奋进的脚步。

图 1-2　高校教师职业发展所需具备的五种能力图示

至于怎样培养和提升这五种能力，本书后面会在讨论高校教师的教学、科研和带学生的工作内容之中有所涉及。如果你想系统深入地了解这几种能力，也可以去阅读学习相关书籍。这篇文章的最后我就不做要点总结了，推荐几本书供参考。

图书推荐

语言能力提升类：戴尔·卡耐基的《语言的突破》（中国友谊出版社，2019），彼得·迈尔斯与尚恩·尼克斯合著的《高效演讲》（吉林出版集团有限责任公司，2021），斋藤孝的《开口就能说重点》（北京联合出版公司，2021）。

写作能力提升类：史蒂芬·平克的《风格感觉：21 世纪写作指南》（机械工业出版社，2018），吴军的《吴军阅读与写作讲义》（新星出版社，2021），老踏的《即学即用社科论文写作技巧与投稿指引》（浙江人民出版社，2022）。

沟通能力提升类：罗纳德·阿德勒与拉塞尔·普罗科特合著的《沟通的艺术：看入人里，看出人外》（北京联合出版有限公司，2017），瓦妮莎·爱德华兹的《吸引：与人成功交流的科学》（湖南文艺出版社，2018）。

领导能力提升类：罗杰·费希尔的《横向领导力》（北京联合出版公司，2015），西蒙·兰卡斯特的《感召力》（北京联合出版公司，2016）。

学习能力提升类：戴维·铂金斯的《为未知而教，为未来而学》（浙江人民出版社，2015），本尼迪克特·凯里的《如何学习》（浙江人民出版社，2017）。

5. 行业"内卷"其实是个伪命题

随着互联网，特别是移动互联网的快速普及，一大批网络流行语如雨后春笋般被催生出来。像之前的"杯具""给力"，后来的"吃瓜""尬聊""佛系"，再到现在的"破防""躺平""YYDS"。"内卷"这个词是近年出现的一个网络流行语，一经使用就引发人们的强烈共鸣，以至于只要看到什么竞争激烈、出现内耗的事情或现象，都要情不自禁地来上一句"太卷了"。然后，各个行业和身份的人都纷纷跳出来比"卷"，高校教师行业也未能幸免。这篇文章，我们就来谈谈高校教师行业是否"内卷"的问题。

什么是"内卷"?

究竟什么是"内卷"?高校教师行业是不是真的"太卷了"?我想先给出答案再做分析——别的行业我不了解,高校教师行业"内卷"是个伪命题。

关于"内卷"这个概念我做了点功课。该领域目前国内学界被下载和引用频次最高的那篇论文,刚好就对这个概念进行了辨析。论文总结了由美国人类学家戈登威泽提出,经由格尔茨的运用而在学界推广开来的"内卷化"定义:"系统在外部扩张条件受到严格限定的条件下,内部不断精细化和复杂化的过程。"[①]如此看来,"内卷"其实也就是在外部突围无望的情况下,选择把内部做得越来越精细和复杂。其实,这一点从"内卷"的英文 involution 来进行理解会更加清楚,这个单词所对应的是 evolution(演化)。怎么样,看出来点意思了吧?所谓内卷,粗暴地讲也就是向内演化,朝着越来越精细和复杂的方向去演化。

比如哥特式的建筑,作为建筑的功能性部分也就是那么多了,然后它努力在这个建筑的每个细枝末节的地方去下功夫,精雕细琢。第一眼看过去肯定是非常震撼的,但是看得多了你就会发现,其实翻来覆去也就是那么多的花纹和技法了,大同小异。类似的例子还包括微雕。你在鸡蛋壳上绘下了《清明上河图》,我在核桃壳上雕刻了泰坦尼克号,他在头发丝上写下了《枫桥夜泊》。这都是在外部条件受限的条件下,把精细化、复杂化推向极致。

[①] 刘世定,邱泽奇."内卷化"概念辨析[J].社会学研究,2004,5.

但要说有多少创造性,对艺术的发展有多大的推动作用,其实并没有。

"内卷"的主要特征

经由前面的分析,"内卷"的主要特征也就容易概括了。有这么三点:其一,它的外部条件被限定在一个封闭的系统里。无论是一栋建筑、一只蛋壳还是一份考试大纲,这个外部条件是被限定的。其二,它的内部不断走向精细化和复杂化。无论是在建筑内部精雕细琢,在蛋壳表面死磕还是在考试大纲里头脑风暴,其结果都是走向精细化和复杂化。其三,也是更重要的一点,这种精细和复杂并不会带来创新和增量。建筑物的功能没有改变,鸡蛋壳没有带来艺术进步,考生也没有因此增加知识和见识。

高校教师行业并不"内卷"

第一,也是最重要的一点,高校教师行业具备新陈代谢功能、拥有吐旧纳新的能力,它并不是一个封闭的系统。2015年2月,教育部官网发布题为《教师流动:实现"能进能出"的良性循环》的新闻稿。文章在介绍中国人民大学、中山大学、中国政法大学和上海财经大学等四所高校深化高校人事制度改革的经验时指出,"近年来,一些高校积极探索,通过严格聘期考核、改革晋职制度、打通岗位隔阂、加强服务指导等举措,初步形成了'非升即走、非升即转'的人员流转机制,为实现教师队伍整体有序流动奠定了良好基础。"① 2020 年 12 月，教育部等六部门发布《关于加强新时代高校教师队伍建设改革的指导意见》（教师〔2020〕10 号），明确指出"深入推进岗位聘用改革，实施岗位聘期制管理，进一步探索准聘与长聘相结合等管理方式，落实和完善能上能下、能进能出的聘用机制"。②

近年来，越来越多的高校对青年教师实行"非升即走（转）"的考核聘任制度。听起来有些残酷，但这也恰恰说明了这个行业的流动性，它并不是一个封闭系统。不仅高校教师行业不是，高校本身也不是一个封闭的系统。比如，本科生招生规模在动态调整；学术型硕士招生规模在减少，专业型硕士招生规模在增加；专业学科设置在国家政策与社会需求的导向下动态调整；教育部对本科、硕士、博士学位点实行定期的水平评估与合格评估，并以此对学位点进行动态调整；鼓励产、学、研相结合，让教师走出去，把企业技术人员请进来……其实不是一个封闭系统这一点就足以证明高校教师行业并不"内卷"了，但我顺便也把其他两个特征分析一下，帮助你更深入地了解这个行业。

第二，高校教师行业的一些变化似乎带有精细化和复杂化的痕迹，比如强调教学工作、学生培养工作的过程管理，注重科研业绩成果的绩效考核，以及实施师德失范行为"一票否决"，等等。但认真分析就会发现，这些变化其实只是让高校教师行业更加规

---

① 引用自：教育部综改司《教师流动：实现"能进能出"的良性循环》，http://www.moe.gov.cn/jyb_xwfb/s5989/s6635/s8537/zl_shgxrs/201506/t20150611_189962.html。
② 教育部等六部门发布《关于加强新时代高校教师队伍建设改革的指导意见》，http://www.moe.gov.cn/srcsite/A10/s7151/202101/t20210108_509152.html。

范化和专业化，而不是精细化和复杂化。这是不同的含义。

第三，"内卷"的这种精细和复杂并不会带来创新和增量，而高校教师就算不是最讲求创新和增量的行业，至少也是这类行业之一。高校不仅是我国科技创新的主要阵地，也承担着为国家培养创新型人才的重任。而无论是科技创新还是培养创新型人才，高校教师都是妥妥的主力军。

所以，要说做一名高校教师压力很大、竞争很激烈我肯定同意，但因此就说高校教师行业"内卷"，这恐怕是站不住脚的。说白了，这里面的情绪宣泄成分居多，理性分析的成分很少。至于怎样在巨大的压力和激烈的竞争中实现自己职业生涯的向上发展，后面我们再慢慢聊。

> **要点总结**
>
> 所谓"内卷"，是指某种事物或社会现象在向内演化，朝着越来越精细和复杂的方向演化。内卷有三个特征，分别是：①从外部看，它被限定在一个封闭的系统里；②从内部看，它不断走向精细化和复杂化；③精细也好，复杂也罢，它并未带来创新和增量。
>
> 高校教师行业不是一个封闭系统；它正在走向规范化和专业化，而不是精细化和复杂化；高校教师是高校实现科技创新和培养创新型人才的主力军。因此，高校教师行业"内卷"其实是个伪命题。

6. 科研不是你以为的样子

提到高校教师工作日常，我们首先想到的是教学。这个很正常，我刚进入高校的时候也是这么认为的，因为高校教师也是教师，教师嘛，那当然是需要教学的。不过，我想先向你传递一个关键信息：其实无论是对个人时间精力的投入而言，还是对个人职业前景的影响而言，科研才是高校教师工作中的"耗能大户"和"关键变量"。为什么会这样呢？这个问题我先卖个关子，留到后面再去细致讨论。这篇文章我先从认知层面谈谈该如何看待科研这回事。

掐指一算，我进入高校从事科研工作也快 20 年了。如果要通过这 20 年的漫漫长路，以一个过来人的身份来谈谈自己对科研的认识，我想说 4 句话。同时，我对这 4 句话按重要程度进行了排序，重要的先说多说，次要的后说少说。

千万别把科研想得高不可攀

一提到科研工作、学术研究、发明专利这些词汇，会不会有种肃然起敬的感觉？是的，我刚入职的时候也有这样的感觉。可是等到后来回过头去看这段经历，才发现当年在起步阶段我之所以走得非常艰难，正是因为我把科研想得太高不可攀了。这导致我每每坐在电脑前面打算写论文的时候，脑子里就会跳出一个声音：哇哦，科研啊，学术啊，这可是在搞发明创造啊。于是乎经常忙了一整天都不敢轻易下笔，生怕辱没了这份崇高的事业。

同样地，如果一提到科研工作者，脑海中闪现的都是钱学森、陈景润、屠呦呦这样高大光辉的形象，高山仰止、景行行止，那么我要负责任地告诉你，他们这些"大神"不是现在这个阶段的你该去模仿的对象。

为什么？其实道理很简单。这就好比你在投资的时候想的是沃伦·巴菲特，创业的时候想的是史蒂夫·乔布斯……那么我敢肯定，你99%的概率会选择知难而退。这种对标起不到任何激发斗志的作用，它只会让你自惭形秽，认为自己不配。如果让我摘树上的桃子，我可能会去想办法弄架梯子过来，但如果让我摘的是一颗星星，那我也就只能洗洗睡了。

我并不想打击你，我也知道你有雄才伟略和鸿鹄之志。然而不管多美好的梦想也要脚踏实地、一步一个脚印去慢慢实现。作为一名刚入职的高校青年教师，我建议你先放低姿态，向去年年终科研绩效考核成绩为"优秀"的老师学习。同时，越能认识到科研工作也就只是一份稀松平常的工作，那也就越容易上手。否则，在你还没有发力的时候，认知就把你拦截在了科研工作的起点上。

铺摊子不如深挖洞，挖掘技术很重要

这句话的前半句是我的博士生导师告诉我的，可谓一语惊醒梦中人；后半句是我在听到前半句话之后，对自己"深挖洞"20年来实践经验的总结。

在导师告诉我"铺摊子不如深挖洞"之前，我所谓的科研，就是在铺摊子。回想起来，那是我科研成果产出的第一个"高潮"：在不到 3 年的时间里，我分别完成了课程改革、意识形态、暴力美学、执政合法性、大学教学管理、精神贫困、政治参与等研究主题的论文写作。每完成一篇论文，我都会沾沾自喜：你瞧，哥的创造力"爆棚"，没有搞不定的主题，一颗学界新星正在冉冉升起。

科研小白在刚上手的时候，容易形成"自嗨式"写作，掉进"铺摊子"的陷阱。铺摊子为什么不好？作为一个过来人，我的肺腑之言是这样的：其一，当你可以在多个领域发出声音的时候，你发出的往往是比较业余的声音。这种科研写作的方式会让你显得不够专业，只是个玩票的。其二，由于涉猎范围过于宽泛，导致你在某一具体研究领域的研究成果积累明显不足，从而很难申请到各级各类科研项目，得到人才奖励计划的支持。

正确的科研工作打开方式应该是：选定一个专业方向，在一个垂直的研究领域之内十年如一日地持续投入时间与精力，也就是"深挖洞"。当你这么做了之后，如果你的"挖掘技术"不太离谱，那么最多五年，这个领域的同行学者就会注意到你，十年之内你就会成为该领域的资深专家。

至于说怎样训练和提升"挖掘技术"，我会在本书第五章里系统介绍。

屡败屡战、越挫越勇是科研工作的常态

必须承认，现在无论是发表论文、出版专著、申报科研项目还

是参评科研成果奖项,竞争都是非常激烈的。如果你是自由投稿,现在 CSSCI[①] 期刊的论文投稿命中率恐怕只有 2~4 个百分点;出版专著从选题通过到书稿的三审三校,出版周期明显变长不说,还有申请书号不通过的可能性;申报国家社科基金项目,在顺利通过学校初评、省内初筛的前提下,获批立项的概率不会超过 1/8;参评高级别科研成果奖项就更是群雄逐鹿了,越是重量级奖项,竞争就越激烈。

所以,如果你在开始科研工作时就只想着自己能够一路过关斩将、高歌猛进的话,那我恐怕要给你泼冷水了。这样的人的确有,但那只是极少数天赋异禀并且运气"爆棚"的人。如果你是和我一样的普通人,那就要接受现实,做好接受失败、承受挫折的准备。否则,你的想象会让你承受双重打击:一个是现实中的失败,另一个是美好幻想的破灭。缺乏对失败的心理准备和对挫折的承受能力,恐怕不适合做一名高校教师。

那些发表高级别期刊论文、获批高级别科研项目,取得一项又一项高价值成果的人,真的不是比你更有天赋。他们只是屡败屡战、越挫越勇,他们只是比你坚持得更久。

科研的重心在于写作,而写作能力可以培养

写作能力对于科研的重要性我已经在前文提到过了,这里就不再啰唆。我想提示的是,别把写作能力想象得太高深,我们真

[①] CSSCI,"Chinese Social Sciences Citation Index" 的缩写,即中文社会科学引文索引。

的不需要成为像莎士比亚那样的世界文学巨擘，否则这又会成为一个人为制造的认知障碍，会阻碍你以正确的态度开始科研工作。我更愿意把写作能力的培养，包括整个科研能力的培养视为一种类似于穿衣服、系鞋带、考驾照等基本技能的获得过程。想想看，你是怎样学会穿衣服的？全部的秘诀就在于：穿、穿、穿。你是怎样学会系鞋带的？全部的秘诀就在于：系、系、系。你是怎样考到机动车驾驶证的？全部的秘诀就在于：开、开、开。

反正我当年考科目一和科目四时，平时没事就捧着书使劲背，然后每天去机房做三套、五套、十套模拟试题。等我的模拟成绩稳定在95分上下了，我就去申请考试。至于说科目二和科目三，拿教练的话说就是"多摸车"，也就是经常练习、持续练习、刻意练习。如果你已经拿到驾照了，就说明你也能拥有写作能力，能够做好科研工作。其实这些技能都是流程化和规范化的。当你掌握了流程，不断练习，能力自然就会培养出来。

所以，培养写作能力的最好方式就是：定个小目标，比如一篇论文，然后每天哪怕只写500字，坚持写下去就好。不积跬步，无以至千里。持续输出，不断写、写、写，功到自然成。

要点总结

在科研工作的起步阶段，高校教师要明白以下几个问题：①千万别把科研想得高不可攀，这只是一份工作；②"铺摊子"不如"深挖洞"，在一个专业方向的垂直研究领域形成规模优

> 势很重要；③屡败屡战、越挫越勇是科研工作的常态，成功的人只是比你坚持得更久；④科研的重心在于写作，而写作能力的培养在于掌握流程，不断练习。

7. 不要只想着当个"教书匠"

当年火遍大江南北的春晚小品《卖拐》里，范伟的一句台词让我印象深刻。在我写这篇文章的时候，这句台词不断在我脑海萦绕："大哥，摊上这么个媳妇，白瞎你这个人了！"我想说的是，如果大学老师心里想的只是当个"教书匠"，那么确实是"白瞎你这个人了"。

大学教育的重点不在知识传授

教师的本职工作是教学，自然是要去教书的，但位于学生学业不同阶段的教师，在传授知识的这个价值网络中的位置是不同的。从这个起点出发，不同教师提供教学服务的对象、内容、目标以及社会期望也有很大不同。到了大学阶段，虽然教师依然还是要传授知识，但知识传授的重点在于展现整个学科的发展脉络而非具体、零散，甚至是那些非常"偏门"的知识。因为学生学习知识的目的变了，之前是应试，现在是要成为了解所在学科发展全貌、拥有较高专业素养的知识劳动者。

而且到了大学阶段，知识传授已经没那么重要了。因为从本质上看，学生所要面临的不再是像高考这样的选拔性考试，而是要通过大学四年的修炼，发现自己最想要的是什么，并且在离开大学之前明确知道该怎样得到它。

正如葛兆光教授在复旦大学毕业典礼演讲中指出的那样，大学教育会影响很多学生的命运，因为"人生有千万条道路，你选择了其中一条，你就必须走下去，而老师恰恰是引领你选择道路最初这一段的人。这也是为什么这个阶段的老师非常重要"。试想，如果一个大学老师只想当个"教书匠"，那么他该怎样完成引领学生选择人生道路最初这一段的任务呢？

"教书匠"既是价值错配也是价值浪费

当个"教书匠"，不仅是对高校教师作为高学历人才劳动力价值的错配，也是对他所占据的这个教师岗位价值的浪费，更是对他的教学对象——学生们的不负责任。是的，在我眼中，这个问题就有这么严重。

第一，高校教师入职门槛很高，作为高学历人才，高校教师应该也有能力提供更多价值。除了非常稀缺的专业或研究方向，拥有博士学位只是成为高校教师的基准线。通常我们投的简历要经过多轮筛选才有可能得到入围机会，然后再进行笔试、面试和试讲的层层选拔，最终获得教职。如此优秀的你，如果只做了一个知识的搬运工而没有带领学生踏上自我发现之旅、敦促他们实现精神成人，拥有独立思考的能力，其实是和高校承担的育人使命不匹配的。

第二，高校教师的编制普遍紧张，占据了教师的岗位却没提供相应的价值，等于是让高校损失了机会成本。说白了，高校聘用我们，国家财政给我们开工资，不是为了让我们只当个"教书匠"的。如果把大一、大二、大三变成了"高四、高五、高六"，那就真不如让学生回到高中继续复习高考，然后去考一个真正意义上的大学。

第三，也是最重要的一点，"教书匠"式的高校教师无法给学生提供他们最需要的引领和服务。就个人经验而言，那些毕业多年的学生能够回想起我们的原因，绝不是我们曾经教给了他们什么知识，而是我们对于他们精神世界的震撼，让他们发现自己要成为什么人、要去往何方的那句话或那次对话。很多学生会记不住我们给他们带的课程，甚至记不住我们的名字——很多学生叫我"马原"（马克思主义基本原理概论）老师、"民理"（民族理论与民族政策）老师，但是他们会一直记得我们促成他们发现自己的那些瞬间，而那些瞬间才是我们要努力的方向。

人工智能会取代"教书匠"

再换个角度来说说为什么不能只想着当个"教书匠"。有关人工智能替代人类工作的话题相信你并不陌生。那么，什么样的工作岗位更容易被替代呢？想想工厂里广泛使用的工业机器人，它们的特点是流程化、标准化、机械化。在人工智能向工厂之外的工作领域进军时，最容易被替代的也是符合这些特征的工作岗位。如果我们在教学工作中只注重，或者从教学的客观结果上看只是提供了流程化、标准化和机械化的知识，那么我们的工作就很容易被人工智能替代。只有那种因材施教、充满个性化、提供情绪价值的教学工作，才会让我们完胜人工智能。

退一步讲，就算人工智能没来抢饭碗，随着在线课程和学习资源的普及及其公益化发展，也让单纯以传授知识为目的高校教师面临职业危机。想想看，如果你是一位政治哲学教授，那么你的对手很可能是远在地球另一端的迈克尔·桑德尔教授，因为他把自己在哈佛大学授课的视频免费放在网上，全球已经有上亿观众跟着他学习"政治哲学"课程。单就课程教学和传授知识而言，现在的学生只要"联网 + 注册"，就可以享受到世界一流水准的教学服务。而且这些在线化的课程学习要远比传统的知识传授效率更高、弹性更大，授课的时间和场景更为灵活。理论上只要有Wi-Fi 和智能手机，学生们就可以在任何时间、任何地点去学任何自己想学的课程。

总之，高校教师当然是要教书的，但不能只想着当个"教书匠"，否则于人于己都是损失，而且也会因此变得容易被替代，面临职业危机。

要点总结

如果只想当个"教书匠"，这不仅是对高校教师自身劳动力价值的错配，也是对高校教师岗位价值的浪费，更是对学生的不负责任。这样的教师很容易被未来的人工智能替代，也会在和各种线上优质课程资源的竞争中败下阵来，面临职业危机。

传授零散、具体的知识已经不是大学教学的重点，帮助学生成为了解所在专业学科发展全貌，拥有较高专业素养和综合能力的知识劳动者才是。此外，还要努力帮助学生发现自己最想要的是什么，并且在离开大学之前明确知道该怎样得到它。

Chapter 2
第二章

想成为好老师,要懂得平衡与掌控

高校教师无往不在关系之中。处理得好,关系是生产力、助推器,画龙点睛之笔;处理不好,关系是绊脚石、拖油瓶、阿喀琉斯之踵。本章内容聚焦高校教师需要面对的各类关系——人与他人、人与环境、人与自我以及处理不同事项之间的关系,提供认知视角和实操建议,为高校教师向上发展赋能。

1. 师生关系的诀窍是提供情绪价值

一千两百多年前,被韩愈写在《师说》里的那句话已经成为家喻户晓的金句了:"师者,所以传道授业解惑也。"后来人们将教师的职责总结为"传道授业解惑"。短短六个字,清晰勾勒"当老师"的三个职责——传道、授业、解惑。那么,作为教师,要向谁传道,给谁授业,为谁解惑呢?自然是学生。所以你品,你细品,其实这里是有个前提条件的,那就是师生关系。缺乏良好师生关系作为基础,老师想尽到自己的职责,做好本职工作是不现实的。

这篇文章,我们就来谈一下作为高校教师,如何经营师生关系。请注意,我这里要表达的不是免责,用的词也不是维护,而是经营。

师生关系重在经营

先说为什么不是免责。免责属于底线思维,底线思维当然重要,但它显然无法支撑积极正向师生关系的建立。想想看,一个有着"凡事只要不出问题就万事大吉"的"佛系"教师如何培养出好学生,做出业绩,从而实现自己的职业跃迁,向上发展?呵呵,那基本就是在做梦。

再说为什么不是维护。维护自然要比免责积极很多，但其实也比较勉强，勉为其难地去维持，事到临头不得不做，效果可想而知。而且这里的关键问题在于，我们勉为其难，不得不做，学生是能够看出来的。这在无形之中又会给师生关系减分不少。

这么一比较，"经营"一词的妙处也就呼之欲出了。其一，经营是主动的、积极的；其二，经营是用心的、上心的，而且专业的；其三，它是有明确目标的，追求好的结果。而这三点，也就指出了经营师生关系的三个方面。

第一，师生关系需要主动、积极地经营。作为高校教师，我们在师生关系中是引导者，学生则处于主体地位，他们是学习的主体，成长的主体，修满学分顺利毕业的主体。想想看，在课堂上我们是教师，是学生课程学习的引导者；在学年论文、毕业设计、毕业论文写作等活动中我们是导师，是学生研究活动的引导者；在"双创"项目、专业实习、社会调研等实践活动中我们是指导教师，是学生技能训练的引导者。如此看来，其实师生之间的关系有些类似于教练和运动员的关系，我们是扮演教练的那个人。

引导者要想在前面，预判在先，教练要了解每名运动员的身体素质、能力特点进而因材施教，提供个性化的指导以期让他发挥自身所长，取得最好成绩。缺乏主动、积极的态度和行动，很难演好我们在师生关系中的这个角色。

第二，师生关系需要用心、上心而且专业的经营。只要是处理人与人的关系就需要沟通，而要想沟通取得成效，关键在于用心和上心。就像有句广告语说的那样，"沟通，从心开始"。与学生真诚相待、用心相处，把学生的成长放在心上，是经营师生关系的应有之义。同时，师生关系从性质上看是一种职业关系，是因高校教师的职业身份而和在校学生之间产生的关系。既然是职业关系，那么它的专业性就显得非常重要。既懂得"从心开始"，又具备专业素养，这样的高校教师在学生心目中的地位，应该就稳了。

第三，师生关系需要进行有明确目标的、结果导向的经营。师生关系的目标是什么呢？这个目标显然是服从和服务于高校教育的整体导向，比如帮助学生成为了解所在学科发展全貌、拥有较高专业素养的知识劳动者；引导学生通过大学阶段的修炼，发现自己最想要的是什么，并在离开大学之前明确知道自己该怎样得到它；等等。师生关系说到底，就是要为达成这些目标赋能。同时，这些目标其实都是导向性的，要和阶段性的小目标和具体目标结合起来，才能更好地发挥实际效用，这就要求高校教师要在学生在学期间绵绵用力、久久为功，经营好师生关系。

以上是我围绕"经营"这个词所给出的关于师生关系的建议。那么，除了上面的建议之外，还有没有什么经营师生关系的诀窍呢？还真是有。就一条：我们高校教师要通过情绪劳动，给学生提供情绪价值。

给学生提供情绪价值

"给学生提供情绪价值"是什么意思呢？听我娓娓道来。1983年，美国社会学家拉塞尔·霍赫希尔德根据自己对达美航空空服人员的一项调查提出了"情绪劳动"（emotional labor）这个概念。简单来讲,情绪劳动是从业者在职业场景中所从事的一种区别于脑力和体力的劳动形态,这种劳动可以提升自己和工作对象的幸福感和满意度。

由于情绪劳动是基于从业者和工作对象的互动而产生的,其结果既能让从业者和工作对象从中获得良好的情绪体验,又有助于工作目标的实现,那些需要接触客户,以及在和客户的交往中创造财富的公司企业纷纷致力于通过情绪劳动来给客户提供情绪价值的探索。实践表明,情绪价值虽然看不见摸不着,却可以实实在在地影响关系,带来业绩的提升和目标的实现。

好了,回到刚才讨论的话题。这种通过情绪劳动来给客户提供情绪价值的发现,简直就是为高校教师量身定做的师生关系解决方案啊!我们高校教师通过情绪劳动来给学生提供情绪价值,妥妥没毛病——这不是我说的,是中国学校教育战略咨询专家沈祖芸老师说的。

沈老师指出,教师的工作性质正在悄悄发生转变,从原来的知识传授者变成情绪劳动者。这就要求高校教师要在掌控自己情绪的基础上,关注学生情绪的表现和变化,了解学生的内心世界,为学生提供情绪价值,引导学生的成长。

还记得前面人工智能替代高校教师工作的内容吗?如果我们高校教师能给学生提供的只是知识、信息、技能这些流程化、规范化、机械化的内容,那么很遗憾,我们将很容易被替代。因为这些内容都属于功能价值,它们在本质上是外在于我们的,没有我们来提供,学生依然可以获得;而当我们通过情绪劳动而给学生提供源源不断的引导、关注和支持时,我们将成为学生成长过程中无可替代的那个人，因为这些内容属于情绪价值，它们和我们密不可分，是在师生关系中发挥作用的。

> **要点总结**
>
> 　　师生关系和其他人和人之间的关系一样需要经营。同时，师生关系还是一种职业关系，经营好师生关系也是高校教师的工作。高校教师要想经营好师生关系，需要做到：①主动、积极；②用心、上心且专业；③有明确的目标，追求好的结果。此外，通过情绪劳动来引导、关注和支持学生，能为学生提供情绪价值的老师，才是面向未来、不会被替代的老师。

2. 同事关系的重点是和而不同

　　说师生关系是一种职业关系，其实是单从高校教师角度来讲的，因为学生并不是职业，而只是身份。所以师生关系只能算作半个职业关系，不管学生是怎样的情况，我们必须保持专业素养，提供专业服务。这么一比较，同事关系就是彻头彻尾、完完全全、纯粹又纯粹的职业关系了。这篇文章，我们就来谈谈这纯粹"职业选手"之间的关系该怎么想、怎么处。

　　所谓同事就是在同一个单位工作的人，而同事关系也就是在同一个单位工作的人之间的关系。但如果我们的认知仅仅停留在这个层面，显然是不利于处理同事关系的。要想处理好高校的同事关系，得先把同事的边界搞清楚，然后把同事的人口学特征搞清楚，再把同事的文化社会学特征搞清楚（没开玩笑）。这里也就包含着处理同事关系的启示。

谁是我们的同事？

同事的边界问题也就是说，到底哪些人是我们的同事？以高校二级学院的院长为例。如果他是作为学校高层次引进人才而"空降"的院长，那他是你的同事吗？不是，他是你的领导。如果他以前和你是同一个教研室的老师，那他是你的同事吗？不是。以前是，现在不是了。如果他和你是大学同学，连他现在的媳妇都是你给介绍的，这么多年关系处得也一直很好，现在他"空降"到你们学院当院长了，他是你的同事吗？不是，在单位他是你的领导，在私下场合他是你的朋友。

怎么样？同事的边界要远比我们想象中的复杂，而且还处于不断变动之中。在我看来，同事就是此时此刻你单位里的和你不具有上下级关系的人。同事关系处理不好的主要原因在于：其一，把本来不是同事的人当成了同事；其二，把同事当成了其他什么关系的人。素有"中国礼仪教授第一人"之称的金正昆老师讲"分对象讲规矩"，是非常犀利的洞察。分不清对象，就会导致交往方式的错配，于是问题也就接踵而至了。

把握同事的人口学特征

同事的人口学特征，也就是同事的规模和结构。这是理解同事关系中最简单的部分，同事的规模也就是人数，我们有多少位同事；同事的结构也就是性别比例、年龄分布这些内容，稍作延伸也可以包括学历、职称以及系部结构等。一般而言，同事的数量规模越大，我们所能认识同事的占比就越小。因为根据邓巴数也就是"150定律"，我们人类平均智力水平所能应对人际网络中的人数规模也就是150人，超过这个规模就吃不消了。此外，性别比例以及你的性别，年龄分布以及你的年龄，学历、职称结构以及你的学历和职称，系部结构以及你所在的系部，等等，都会对同事关系产生不同的影响。

这里有什么启示呢？受篇幅所限，我们仅以同事数量规模为例来进行分析。普通高校教职员工的规模一般是几百人到几千人不等，我们在这所高校能够认识的同事数量，相对于整个教职员工的规模来看只是少数人。由此，这个单位对我们而言其实更像是一个陌生人社会，我们可以按照陌生人社会的交往法则来处理同事关系；而我们所在的二级学院，教职工的人数一般在几十到一百多人之间，符合邓巴数。所以我们和自己所在学院的几乎所有同事都认识甚至很熟，这是一个熟人社会，我们和所在学院同事的关系，可以按照熟人社会的交往规范来进行。

把握同事的文化社会学特征

同事的文化社会学特征，也就是单位的文化价值观和同事之间的亲疏远近关系。它是隐性的，需要我们去用心观察、思考和识别。你一定想到了，这个隐性的部分恰恰是对同事关系影响最大的。比如，我一直记得自己刚参加工作那会儿，有一次和我所在基础科的老师们在一起"吐槽"领导，我和孙老师"吐槽"学校主管教学的副校长，我都入职快一年了也没见他来我们办公室视察一下基层工作。当时的气氛一定无比尴尬，但我居然没有发现，几个月后我才猛然发觉，原来孙老师是这位副校长的太太。这是典型的不了解同事的文化社会学特征惹的祸。

要想把握同事的文化社会学特征恐怕不是三言两语能说清的了，而且它的影响因素也非常复杂且多变。简单地讲，平时多留意观察我们所在二级学院主要领导的领导风格和关系状态，以及同事们私下场合对学院领导班子乃至校级领导的议论，对我们把握单位的文化价值观很有帮助；至于说同事之间的亲疏远近，我的建议是只要没有硬伤，不出现我前面提到的"糗事百科"级别的问题就可以了，为了搞清这个问题投入太多时间精力是没必要的，而且也容易暴露我们八卦的心。

好了，以上的努力可以帮我们锁定同事关系的基本盘。接下来，我们再来简单谈谈经营同事关系的方法论。

和而不同是处理同事关系的方法论

《论语》有云："君子和而不同；小人同而不和。"以我在高校的从业经历来看，似乎找不到比这句"和而不同"更能概括高校同事关系的方法论了。什么是"和而不同"？也就是从整体的氛围和关系定性的角度看，与周围同事相处得都很和谐；但在具体的行为方式、价值取向、目标追求等方面，要保持自己的内在统一性，不会为迁就同事而刻意和他们保持一致。

"和"是一种教养，"不同"则是一种能力。一方面，我们不必为了维持"和"而牺牲"不同"，当什么"老好人"。为了获得同事的接纳与认可而违心做自己不愿意做的事，结果往往适得其反，得不偿失；另一方面，我们也不必为了显得"不同"而破坏"和"，强刷存在感。"老好人"虽然算是职场的禁忌但好歹无害，那种刻意为之的个性和姿态反而是不够成熟的表现。好消息是，高校教师的同事关系远比行政系统和公司企业里来得简单，再加上我们的同事基本都奋战在各自的教学岗位上，大家只有在开会的时候会坐在一起，所以只要没有"硬伤"，同事关系并不是高校教师该去担心的问题。

> **要点总结**
>
> 　　同事就是目前在单位里和我们不具有上下级关系的人。以下三个问题可以锁定同事关系"基本盘"：①知道谁才是你的同事。很多问题就出在错把非同事关系当成同事关系，或者错把同事关系当成非同事关系。②区分熟人社会和陌生人社会。一般而言，我们所在二级学院里的同事关系遵循熟人社会规范，其他同事关系遵循陌生人社会规范。③掌握单位的文化价值观和同事间的亲疏远近关系很重要，比较而言，前者比后者重要。
>
> 　　此外，"和而不同"是经营同事关系的方法论。

3. 牢记三句话，看清职场关系基本盘

作为初入职场的"菜鸟"，只有看清职场关系的基本盘，才能在职场生存下来。同时也只有看清基本盘，才有可能完成从小白到"老司机"的转变。那么，什么才是高校教师职场关系的基本盘呢？

为了消除这个有关"基本盘"问题带给你的不适，我想给这个问题再加上两个限定。第一个限定：讨论这个问题的前提是你想向上发展，希望取得社会主流价值观公认的成功。这是这篇文章的前提假设，也就是说，我假设你想成为这样充满正能量的人。而我下面将要给出的三句话，都是基于这个前提来说事儿的。第二个限定：讨论这个问题的边界是职场，就是高校教师置身其中的那个职场。本质上，这里要讨论的是人该如何适应职场环境、在职场站稳脚跟的问题。如果你非得超纲超限来使用下面的三句话，把这三句话运用到其他领域，那我得做个免责声明——由此产生的一切后果我概不负责，你得自行承担。

如图 2-1 所示，我认为从利益、实力和系统三个维度入手，可以看清职场关系"基本盘"。而这三个维度共同构成了职场关系的认知结构模型。

图 2-1　职场关系的认知结构模型

认清利益是本质

英国前首相丘吉尔说过一句话："国际舞台上没有永恒的朋友，也没有永恒的敌人，只有永恒的利益。"而这句话也是受到了他的前辈、英国另一位首相帕麦斯顿勋爵的启发而说出来的。这说明了什么？这恰恰说明了这个道理的价值——绵绵不绝，经久不衰。虽然这种理性到冰冷的表述方式让人很不舒服，但是真相从来不是用来温暖我们的，而是让我们清醒。关于职场关系"基本盘"的第一个认知维度是利益，我们要明白一点：即使身处高校，也会存在利益冲突。

职场中的每个人都有自身的利益，并且在一切可能的情况下都要去维护自身的利益。高校环境虽然比互联网大厂、外企好太多，但只要是职场，就会存在利益冲突。为什么？因为好的东西总是稀缺。比如教授的名额、公派外出访学的名额、年终绩效考核优秀的名额，等等。越早看清高校是一个各路神仙为着稀缺资源而八仙过海的江湖，对我们融入这个环境越有利。

进入职场，是我们真正走出妈妈怀抱的标志。从这一刻开始，我们就要承担自己成长的全责了，也要全身心地投奔为利益而战的星辰大海。当我这么说的时候，并不是要你像斗鸡那样时刻准备战斗，而是说，我们要清楚那些云淡风轻、和风细雨的表象背后的逻辑，然后，我们也依然可以表现得云淡风轻、和风细雨。同样的姿态，参透本质的人终究是不一样的。

当我们讨论利益是职场关系本质的时候，并不排斥在职场上有比利益更重要的东西，但这里讨论的重点不是"什么更重要"，而是在讨论职业关系的本质。教师说到底就是一种职业，付出劳动获得工资。作为一种育人的特殊职业，利益交换的链条可能比较长也有点复杂，但本质上就是在做利益交换。而且，当我们这样认为的时候，并不妨碍我们跨过利益的门槛去乐于奉献，去追求"春蚕到死丝方尽，蜡炬成灰泪始干"。同样是教师，有的人选择当个"老好人"，不去或者说不敢计较利益；有的人就不在乎什么利益，奉献本身就能带给他最大的满足，让他获得自我实现；有的人则选择机关算尽，榨取利益。所有这些都是个人的选择，是丰富多彩的现象，却并不改变职业关系的本质。

提升实力是关键

实力有软硬和纵横之分。纵向的硬实力偏重智商领域，包括知识理论水平、学科专业素养、教学科研能力等；横向的软实力偏重情商领域，包括沟通协调、团队合作、资源整合等。以我的观察，前者会决定职业发展的天花板；后者则影响着职业发展的速度。也就是说，纵向的硬实力能决定职业发展的上限，横向的软实力能决定职业发展的速度。

这些年我见到很多在职场快速"蹿红"的人，他们就像我们在市区道路上正常驾驶，身后一辆摩托伴着马达的轰鸣声绝尘而去。这类人一般是那种横向软实力"爆棚"的人，他们往往在职业起步阶段顺风顺水、风光无限，成为学校建校以来最年轻的正处级干部，或者学校拳头专业的建院院长。然而，他们中的很多人会在多年之后，其职业发展并无明显提升，或者退居二线。

为什么呢？恐怕有一个原因是纵向硬实力上有短板。

而有的人呢，底子薄、基础差、悟性低，横向软实力"拉胯"，但却能做到十年、二十年如一日地不断锤炼自己的纵向硬实力。于是乎，在他们的同事每每以副教授、硕士生导师的身份退休时，他们却可以慢慢评上教授，当上博士生导师，甚至能拿到教育部"长江学者"特聘教授的头衔。

那么，这句话的价值在哪里呢？我们不是简单地混职场，别忘记我们的目标是要向上发展。软硬兼施、合纵连横，才能真正完成从新兵到老将的转变。退一步讲，如果我们能在入职的起点就明白软和硬、横和纵哪个实力对你更重要，你更擅长哪一方面，也更有利于我们看清自己职业发展的未来，提前布局，增强个人核心竞争力。

进入系统是常态

得到 App 的创始人兼董事长罗振宇在有一年的跨年演讲上让"躬身入局"这个词火了，说的是曾国藩讲过的一个故事。村里，在一条很窄的田埂上两个人相对而行，碰上了，谁也过不去。原因是他们都挑着很沉的担子，田埂很窄，谁要让的话，就得从田埂上下去站到水田里，沾一脚泥。我们作为旁观者，该怎么劝他们呢？如果我们说，"这位年纪大了，你下去，让他先过。"他会说，"凭啥？"或者我们对另一位说，"这位身上的担子重，你下去，让他先过。"他还会说，"凭啥？"你看，两个人就这么顶上了。

那曾国藩是怎么给支的招？他说："天下事，在局外呐喊议论，总是无益，必须躬身入局，挺膺负责，方有成事之可冀。"就拿故事里的这件事，我们该怎么做？我们应该走上前去对其中一位说，"来来来，我下到田里，你把担子交给我，我替你挑一会儿，你这一侧身，不就过去了吗？"你瞧，解决问题的关键在于我们要从旁观者变成"躬身入局"的人，让自己成为系统的一部分，成为那个发挥个人聪明才智、推动系统向好的方向演化的人。

作为新入职的高校教师，旁观者思维尤其要不得。站在你入职单位的这个系统之外摇旗呐喊，指点江山，看起来挺努力，其实不过是一种努力的"行为艺术"。要真正融入单位的环境之中，成为系统的一部分、一个要素，然后尽己所能地让这个系统向着好的方向演化。只有真刀真枪地冲进去，我们才能认清职场关系的"基本盘"，也才有可能完成从小白到"老司机"的转变。

> **要点总结**
>
> 可以从利益、实力和系统三个维度把握高校职场关系"基本盘":①职场关系是利益关系。职场上没有永恒的朋友,也没有永恒的敌人,只有永恒的利益。②职场关系是实力的比拼。其中,纵向硬实力能决定职场发展的成就,横向软实力则决定职场发展的速度。③职场关系是一个系统。进入系统,成为推动系统正向演化的人,更能把握职场关系"基本盘"。

4."半吊子"拎不清理想和现实的关系

黎巴嫩有位诗人名叫纪伯伦,在他的散文诗集《沙与沫》中有这么一句话:"当我的杯子空着的时候,我就让它空着;但当它半满的时候,我却恨它半满。"当年,我把这句话连同其他几句,一起写在了初中同桌的毕业纪念册上——赠同桌×××,然后就是诗句摘抄,每句诗的后面还煞有介事地加个破折号,注明诗人的国籍和姓名。然后在多年后的一个风和日丽的下午,同桌问我,当年你那个赠言写得都是啥呀?

抱歉我离题万里地想到了自己初中时代的"糗事百科",但你要说上面这个段落和今天这篇文章讨论的主题毫无关系我也不承认。其一,在我看来,上面这句话很好地表明了诗人对于"半吊子"的批判立场,并且用非常高超的比喻手法,不动声色地表达了自己对于不想成为这种人的自省精神;其二,也是更重要的,那时的我,简直就是这篇文章里要讨论的"半吊子"本尊啊。稍微有点常识都知道毕业纪念册要写临别寄语，回顾共同的经历，送上美好的祝福。我这自作聪明还沾沾自喜的行为，是典型的"半吊子"啊。

什么是"半吊子"

"半吊子"是现代汉语中经常使用的一个熟语。根据《现代汉语词典》的解释，该熟语的意思是指：其一，不通事理、说话随便、举止不沉着的人；其二，知识不丰富或技术不熟练的人；其三，做事不仔细、有始无终的人。

你品，你细品，估计不用我再摆事实讲道理，也能明白我说"半吊子"拎不清理想和现实关系的原因了。说到底，"半吊子"不懂事、不专业、不靠谱，而这三点都是一个人实现职业理想的绊脚石和拦路虎。然而说来讽刺，这种人压根就不知道、不相信、不认为自己是个"半吊子"，他们往往自信满满、豪情万丈，总以为自己雄韬伟略。这个问题其实好理解。你想啊，一个智商低的人是无法知道自己智商低的，因为要知道这一点，他得拥有高智商才行。在我看来，这个问题构成了本章"关系经营"模块的一个比较奇葩却重要的所在，那就是要处理好理想（自我）和现实（自我）的关系。

怎样摆脱"半吊子"的状态

这么分析下来，不懂事、不专业、不靠谱再加上不知道、不相信、不认为,"半吊子"简直就是"人间极品"了,于自身而言不配谈什么职业理想,于单位和社会而言,也很难做出什么有价值的贡献。

这篇文章如果只写到这个程度就结束了,那基本可以肯定不仅曾经的我是个"半吊子"的初中毕业生,现在的我还是一个"半吊子"的作者。因为好的作者不仅要给出观点,摆出原因,还要告诉读者该怎么办。接下来就请跟上节奏,我谈谈该怎么办。

刚才我做了个类比,说低智商的人无法知道自己智商低,所以这个事情是无解的。但是这个类比其实并不恰当,因为"半吊子"们的智商并不低,至少其中绝大多数人的智商并不低。你看我初中毕业那会儿的"半吊子"表现,并不是因为我智商低。而且重点在于,我能意识到自己当年的"半吊子"状态,我有能力反思和成长。

第一,识别"不专业"。在不懂事、不专业、不靠谱这三个"半吊子"的典型特征中,不专业是最容易被当事人识别出来的。学生评教的分数、排名、评价和教学督导的批语,科研成果的数量、质量、级别以及科研绩效的分数,都是非常有价值的客观参照。而且,一旦发现自己的专业水准属于"半吊子",也有多种渠道去提升和训练。本书的第四章和第五章,也会专门就高校教师的工作日常给出切实可行的建议,帮助当事人变得专业。

第二,正视"不靠谱"。当事人意识到自己"不靠谱"其实也很容易,问题的关键在于能否接受和正视这一点,进而寻求改变。人类是有劣根性的,比方说总是"宽以律己,严于待人"。自己要是上课迟到了就会说堵车、天气不好、闹钟没电了这类外在原因，而学生上课迟到了就会想这些学生太懒散、太没教养、品性不好这类的内在原因。所以别人不靠谱就是别人有问题，我们自己不靠谱就是事出有因。如果我们被这种根深蒂固的物种本能带了节奏，不断放过自己，也就没办法让自己变得靠谱，摆脱"半吊子"的状态了。

至于说到方法论，想要靠谱其实很简单。我们只需做到：凡事有交代，件件有着落，事事有回音。很好理解也不难执行吧！重点在于遇事儿能有交代、有着落、有回音。如果实在怕自己忘了，也可以写个便签贴在冰箱上来提醒自己。

第三，看淡"不懂事"。比较而言，想要改变"不懂事"是最难的，因为当事人很难发现自己"不懂事"，同事大概率也不会提醒你。但是从好的方面来看，如果你能让自己变得专业和靠谱，懂不懂事其实也没那么重要。还记得前面我们提到过的"纵向的硬实力能决定你走多远"吗？专业很过硬，做人又靠谱，偶尔不太懂事也不会对实现职业理想的全局造成影响。所以，对于"不懂事"的问题，发现了就有意识地提升，发现不了或者懒得提升，其实也没啥大不了。能提升就提升，提升不了看淡就好。

用职业理想倒逼改变自我

此外我还想提醒的是，"半吊子"其实是个操作层面的问题。职业理想可以激励"半吊子"，让他们变得明事理、通专业、很靠谱。因为一切操作层面的问题，都可以用梦想的方式来倒逼解决。比如，当我想在冬天来临的时候不再让女儿因为等待公共交通工具而感冒,就在那年的夏天用了不到3个月的时间考到了驾照;比如,当我梦想一定要结束自己和家人长期分居两地的状态,就用了接近14个月的时间不断投简历、电话沟通,先后去了8所高校/科研单位进行实地观察、试讲或面谈,终于入职来到现在的高校,结束了两地分居的生活。

查理·芒格说过一句话:"要得到你想要的某样东西,最好的办法是让你自己配得上它。"如果我们真的想要实现自己的职业理想,那自然就会努力让自己变得优秀,"半吊子"的问题也会随之迎刃而解。

> **要点总结**
>
> "半吊子"的特征是不懂事、不专业、不靠谱,这三点构成他们实现职业理想的障碍:①"不专业"最易识别,要认识到问题之所在,努力进行提升训练。②"不靠谱"也容易识别,要接受并正视这个问题,寻求改变。③"不懂事"最难识别,但这个问题一般不会对当事人造成全局影响。
>
> 职业理想可以激励"半吊子",让他们变得明事理、通专业、很靠谱,成为更好的人。

5. 教学科研三七开,事业家庭双丰收

还是先来个现身说法吧。我进入高校成为大学老师,转眼就快20年了。20年间,我先后以教师、硕士生、博士生和博士后

的身份和国内 5 所高校有过交集,现在则在另一所大学当教授、带博士。在这些高校之中,有教学型的地方学院,有教学科研型的省属重点大学,有科研教学型的全国重点大学,还有研究型的"985"高校和 TOP 5 高校。然后重点来了,我的结论是:无论是哪种类型的高校,科研对于高校教师的职业发展而言都至关重要。

于是,这篇文章标题的前半句"教学科研三七开"似乎也就有了足够的理由。它的道理在于,对我们职业发展前景影响最大的事情,自然值得投入更多时间精力去做好。如果我们把评上高级职称,特别是教授作为职业发展的里程碑事件,那我们很快就会发现科研的重要性。在完成规定数量的教学工作量、评教成绩不低于规定分值、继续教育学时不少于规定数量、三年的年终考核成绩都在合格以上、没有发生教学事故的基础上,决定我们能否晋升高级职称的硬指标也就是科研成果了。因为过了基准线,科研成果在客观上最容易量化。哪怕这种量化有太多的诟病和问题,可不完善的标准总比没标准要好,没标准那可就是丛林法则了。

高校里的科研"二八定律"

对于高校而言,二八定律依然适用。比如,20% 的人贡献了我们所在学院 80% 的科研成果,他们也因自己的贡献而顺利晋升了高级职称。同样,我们所在学院真正把时间、精力用于科研的人大概占单位人数的 20%,然后不出意外,他们也占据了单位

80%以上的高级职称名额。以上比例关系不一定精准，但也为我们提供了一个大差不差的分析框架。那么，我们把时间、精力投入哪里更有助于职业发展呢？显然是科研。还是参考二八定律，科研工作可能只占到我们高校教师总体工作内容的20%，但这项工作的结果却会对我们的职业发展产生80%的影响。所以，理性的选择是我们必须对科研下重注。不过教学科研要是二八定律这么弄起来有些苛刻了，一般人根本吃不消的，所以纯粹是从方便执行的角度来讲，我把这个权重比例稍稍放宽一些，教学科研三七开，也就是说，科研工作上的时间精力投入要达到七才行。

说来讽刺，对职业发展最为重要的科研工作，却需要我们力排层层阻力、克服重重困难才有机会行动。这么说吧，不占用休息时间，我们基本就没有可能做科研。比如，别人都去睡觉的时候，我们要晚睡一个小时甚至彻夜奋战，进行论文写作。NBA已故球星科比·布莱恩特的那句话你一定听过："你见过凌晨四点的洛杉矶吗？"当我评上教授，身边同事投来或羡慕或嫉妒的目光，甚至直接过来揶揄我时，我最想说的一句话是：你见过凌晨四点的呼和浩特（当时我工作所在的城市）吗？没有的话，对不起，你没有资格怼我。和科比不同的是，那时的我一般是凌晨四点才去睡觉。

平衡事业家庭关系是个伪命题

实现"职称自由"之后（阶段性的）我有点得意，工作之余还创办了公众号，和别人合伙成立了一家科研培训机构，带领我们的导师团队为科研工作者提供在线的一对一、多对一的陪伴式科研辅导，开发了一系列提升科研专项能力的课程，出版了科研进阶的入门书籍。很多用户、学员和读者比较好奇我是怎么做到的，尤其是当他们看到我在朋友圈里发的那些和家人一起自驾游、给父母和女儿过生日、一家人聚餐过节以及在各种咖啡馆里召开"家庭会议"的照片时。他们会问：老踏，你是如何平衡事业和家庭关系的？

我的回答是：事业和家庭根本就不需要平衡。这种提问表明提问者把事业和家庭看成一场零和博弈，两者都在争夺我们的时间和精力，一方获胜，另一方一定会输，因此很难平衡。但事实却远非如此，这种提问从起点就错了。事业也好、家庭也罢，都不是铁板一块，同时事业和家庭也不是相互独立的两个系统，而是彼此关联、相互支撑的。所以，我们要做的不是静态、机械地维持两者的平衡，而是动态地看待事业、看待家庭，看待两者之间的互嵌与耦合。

下面，让我从动态的时间维度进行考察，以一天的日常为例。早上起来我会给家人做饭，送女儿上学，这是以家庭为重；送完女儿回到家，我会开始工作，备课、写论文、回邮件或者写公众号推文，这是以事业为重；午休之后我会去学院的小会议室和我的硕士、博士们开组会，然后去上课，这还是以事业为重；晚上回到家和妻子女儿一起吃饭聊天，分享彼此遇到的人、发生的事以及自己的所思所想，这是以家庭为重；然后女儿去写作业，我继续工作，等女儿写完作业洗漱睡觉之后我可能还要再工作一会儿，这是以事业为重。你瞧，我这一天下来，其实并不存在平衡的问题，该做什么就做什么，就这么简单。

如果出现特定或者突发的事件，那就要做个判断。问自己两个问题：其一，此时此刻是家人更需要我，还是单位更需要我？其二，在哪种情况下我才是不可替代的？一旦得出结论，就去坚决地执行。妻子生病了就陪她去医院，学科评估开始了就去单位准备材料。妻子病了评估也开始了，那对不起，妻子这边是不可替代的，所以我要陪妻子去看病。等妻子的情况稳定了，没问题了，我可以再去单位准备材料。

我并不追求在每一时刻都确保事业家庭处于平衡的状态，这样既没必要，也做不到。我只是努力在每个时刻都做出最优选择，或者家庭为重，或者事业为重，两者之间不是惊险地跳跃，而是平滑地过渡。

要点总结

高校教师需要处理教学与科研的关系，以及事业与家庭的关系。关于前者，鉴于科研对职业发展前景影响巨大，值得投入更多时间精力去做好，建议教学科研三七开；关于后者，鉴于事业和家庭并不存在零和博弈关系，两者也不是各自独立的、静止的两个系统，而是彼此关联、相互支撑的，因此建议动态看待事业、家庭以及两者关系，围绕"事件"在具体时刻做出最优选择，实现两者间的平滑过渡。

6. 效果比效率更值得追求

先来说一个我观察到的现象吧，也可以说是我因为当时被误解了，所以不得不观察。情况是这样的，我的科研写作经历从进入高校的那一天就开始了，但是有个问题一直让我苦恼不已，那就是我的写作速度实在太慢。哪怕到了今天，情况也是如此。路径依赖的力量是如此强大，我只能以自己的速度慢慢往前走。

然后重点来了。有次我发了条朋友圈抱怨自己写作速度太慢，说自己整整用了 15 天，总算完成了一篇论文——居然还忘记屏蔽我的同事了。然后我就受到了"围攻"，他们花式嘲讽我，还说：告诉我，你是如何做到的，你半个月就写出来一篇论文还说自己慢，我要 3 个月啊大哥，整整 3 个月！

于是我用一道数学题来证明其实慢的那个人是我而不是他们。这道数学题让我得罪了不少人，但至少会让我们看清真相。

一道数学题背后的真相

他 3 个月写出一篇论文。具体来讲，他是这样做的：开始的一周，他每天写作两个小时。后来就写不下去了，停了下来。直到两个半月之后他觉得确实不能再拖了，就下狠心熬了一个通宵来突击写作，花了 8 个小时完成论文。假设他这篇论文的字数是 10 000 字，那么他的单位时间文字输出是 10 000÷（7×2＋8）≈455（字/小时），也就是每小时大约 460 字。

再来看我。我半个月写出一篇论文,具体来讲,我每天下午三点到五点、晚上十点到第二天早上两点雷打不动进行写作,半个月后完成了论文。假设我这篇论文也是 10 000 字,那么我的单位时间文字输出是 10 000÷(15×2+15×4)≈111(字/小时),也就是每小时大约 110 个字。

为了让这种比较更加直观,我做了张对比图,如图 2-2 所示。从图 2-2 可看出,明明他的单位时间文字输出,也就是写作速度是远胜过我的,然后他还认为我在故作谦虚。

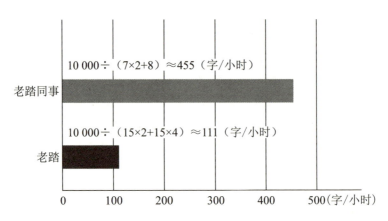

图 2-2　单位时间老踏与同事的文字输出效率对比

退一步讲,就算他是真心觉得我的写作速度很快,其实真正的原因在于他并没有对自己的写作效率进行拆解分析,更不知道"高手"究竟有多快。我认识几个这样的"高手",有我的前辈,也有正在快速成长的新锐。写作又好又快的人当然是这个领域绝对的实力派,而当我们发现自己不是他们的时候,下面的问题才会变得重要:你是追求快,还是好?

快是效率，好是效果。

我的观点已经写在文章的标题里了，"效果比效率更值得追求"。也正是从这里出发，刚才那道数学题里他的处境很可能要比我严峻。他的效率于我而言具有碾压性优势，但正因为他写得太快，论文质量就很难有保障，于是他的投稿、修稿和发表的过程就会比较漫长而艰辛。最后勉为其难终于见刊发表，恐怕也不会是太好的期刊。至于我，由于我在论文写作过程中倾注了非常多的心血，论文的整体质量比较有保障，于是从投稿到发表的过程就会相对顺利，论文也更有可能发表在一个好点的期刊上。

我和他的核心差别在于：我为了效果愿意牺牲效率，他的效率则很可能是没有效果的。

来自管理大师德鲁克的忠告

现代管理学之父彼得·德鲁克对效率和效果这两个概念进行了极具洞察力的分析。他指出，efficiency（效率）和effective（效果）是很不一样的，"世界上最没有效率的事情就是以最高的效率做没有效果的事情"。当我们进入高校成为大学老师时，面对千头万绪的工作内容以及关系情境，明确效率和效果的差别，形成以效果为导向的工作认识论非常重要，如图 2-3 所示。

为了说清效率和效果的关系，德鲁克还讲了自己亲身经历的一件

图 2-3 你在追求效率，还是追求效果？

事。有一次，德鲁克在滚动扶梯上遇见了分别四年之久的未婚妻，他们一个在向上的扶梯上，一个在向下的扶梯上。他乡相遇的他们都非常激动，所以德鲁克一下电梯就赶紧换上了相反方向的扶梯来追他的未婚妻，而他的未婚妻那一边也一下电梯就换了相反方向的扶梯，结果他们又一次擦肩而过。由于两个人都沉浸在相逢的惊喜之中，结果他俩又一次地重复了前面的动作，于是他们在相反方向的扶梯上第三次擦肩而过。你瞧，电梯是一个非常有效率的载客工具，却没能让德鲁克和未婚妻在第一时间就拥抱在一起，这就是效率和效果的差别。后来德鲁克停了下来，没有再上扶梯，才最终和未婚妻相拥。

德鲁克还说过另外一句话："管理首先是去掉一切不创造价值的环节。"这句话对于我们讨论效率与效果的关系依然适用。我们在工作中要时不时地提醒自己一句：我现在的这个做法能创造价值吗？会不会我只是让自己在扶梯上转圈，困在了一个看似效率很高但却没有效果的状态？

指导学生完成论文开题的启示

还是回到高校教师的工作场景。每年本科毕业论文的开题季大概要经历两到三周的时间——从学生接到开题答辩的通知，到写出开题报告，再到完成开题答辩。你是怎样发挥指导教师作用，指导学生顺利完成开题工作的？这里有三种方法，我们从效率和效果的维度分析一下。

第一种，被动回应型。也就是你不来找我，我就不提供指导；

你一来找我，我就立刻进行指导。这种方法的好处是一对一和即时性。从学生方面来看，效率和效果基本都能得到保证。但从教师角度来看，这简直就是场灾难了，因为在这两到三周的时间里，我们要全天候待命，时刻准备接受打扰——在这段时间我们基本就做不了其他工作了，既没效率，也影响效果，甚至还影响心情。

第二种，主动干预型。也就是主动告诉学生我们的空闲时间，要求他们在规定时间带着问题来找我们。这样一来，我们在时间上就获得了掌控感，只在规定时间之内处理这项工作，效率提高了，但效果就不一定。因为学生的空闲时间不一定和我们对得上，也可能对得上这个时间的学生太多，而我们一次只能指导一两位学生，其他学生就白跑一趟了。

第三种，主动计划型。也就是主动和学生对好空闲时间，以组会方式来提供指导，并对每次组会的目标内容提出明确要求——比如要开三次组会，分别完成"定选题""列框架""审初稿"三项任务。强调每次组会之前如果没完成相关内容，就不要来参会。这种方法能在拆解任务、优化流程的基础上集中时间、精力解决问题，对学生来讲也起到了很好的督促作用，效率高、效果好。

要点总结

工作的时候，不要忽视一个比效率更重要的概念——效果。不追求没有效果的效率；要在保证效果、创造价值的前提下提升效率。最没有效率的事情就是用最高的效率去完成一件其实根本不值得做的事情。

7. 选择比坚持更能体现你的智慧

读博士那会儿，有一次我去听其他专业的博士生毕业论文答辩，于是知道了一位师姐的故事：她曾连续报考某位导师的博士生，坚持了 5 年之久还是没能考取，无奈之下只好换成了现在的导师，结果一次就考上了。这个故事，是那天这位师姐完成自己的答辩环节，在教室外面的走廊里和我们分享的。

她报考了 5 次的这位导师我是知道的，他在自己的领域有着非凡的影响力。可想而知，报考他博士生的人也一定很多，竞争激烈。而这位师姐在电梯间里的那句话，尤其令我印象深刻："唉，在一个人的事业成长期，能有几个 5 年啊？"

这篇文章，我们来谈谈选择与坚持的关系。在我看来，选择比坚持更重要，也更能体现我们的智慧。

运用概率思维做出正确选择

再来说个生活中的场景吧。坐地铁，高峰时段一座难求，但也不是完全就没有机会——问题的关键在于对"站位"的选择。如果我们直接就站在车厢的门口了，这基本就等于放弃了拥有座位的机会；而如果我们选择穿过拥挤的人群，走到车厢的中段，站在过道里，那么我们的左右两侧都是坐着的人。这个时候，只要有人下车，我们就有机会拥有那个座位。

其实这个"站位"的问题是在用概率思维来帮我们做出正确的选择。在没有座位的门口坚持，显然不如在座位最多的过道坚持。也就是说，想要拥有座位，坚持是一定要去做的事情，但选择在哪里坚持，以怎样的方式坚持，则有大不同。

还是回到刚才那位师姐的故事。连续 5 年报考同一位导师，只是在没有座位的门口坚持。其实她完全可以通过同时报考其他学校来提高考取概率，而不是苦苦坚持。用并联的方式去对冲失败的风险，远比用串联的方式死扛失败来得明智。

如此说来，在我们职业生涯中的每个需要做出选择的时刻努力让自己做出概率意义上的最优选择，同时在可能的范围之内用对冲的方式来降低风险，很有必要。

懂得"最优停止"，避免掉进卓越陷阱

知道做选择的方法论之后，还有一个更难的问题在等着我们：止损点该设置在哪里？也就是说，我们该在什么情况下继续坚持，什么情况下选择放弃？比如，在一片漫无边际的玉米地里，怎样选出最大的那根玉米？在茫茫人海之中，怎样找到自己的婚姻伴侣？在数学学科里，这类问题有个共同的称谓叫作"最优停止"问题。也就是说，知道自己该在什么时候停下来，做出选择，采取行动。然后，经过一系列运算和推演，"37% 法则"诞生了。

"37% 法则"的大概意思是这样的。比如，如果我们需要在一片玉米地里找到最大的那根玉米，那么最优策略是在占这片玉米地 37% 的面积里不做任何选择，只进行观察。然后，一旦超出这 37% 的面积，只要发现一根比之前地里更大的玉米，就果断出手，做出选择。再如，如果需要购买一套房子，我们有一个月的

时间，也就是 30 天来做选择，那么可以在这一个月的前 37% 的时间——也就是在前面的 11 天里不去做决定，而是不断地看房和进行比较，了解行情。然后，从第 12 天开始，只要遇到比之前看过房源性价比更高的房子，就果断购买。

你会发现，所谓的最优停止，只是帮我们避开最差的和比较差的，得到一个比较好的结果，却永远无法帮我们得到最好的。理论上永远会有最好的可能性，但是考虑到我们的职业生涯有限、时间精力有限，懂得在哪里停止要远比对"最好的"的偏执要好。伏尔泰说过，"最好是好的敌人"（The best is the enemy of the good）。为什么走出玉米地的猴子一无所获，为什么当我跳槽了两次而我的前前同事还在那里抱怨却没有采取行动？很多时候，正是由于对"最好的"的偏执，才导致无法行动，或者无功而返。

这个道理其实还有另一面，那就是一旦做出选择，即使未来还有更好的，也不再为之所动。

还是回到高校教师向上发展的话题。"37% 法则"提醒我们在职业生涯的初始阶段要尽量多去尝试、接触和了解，比如多去尝试用不同授课方式开展教学，多去接触本学科专业的不同课程及其知识体系发展脉络，多去了解本学科专业的不同研究领域与方向以及研究的进展，等等。之后，一旦发现自己真正感兴趣的、热爱的和擅长的，就做出选择并且坚持下去。而只有满足以上三点——感兴趣、热爱和擅长中的至少一点，我们才有可能真正坚持这件事。

先勇敢做出选择，再去坚持不懈

没有经过概率分析、风险管理和"37%法则"的洗礼就盲目地坚持，其实是一种懒惰、逃避甚至自我欺骗。这种情况之下的坚持往往表现为一种惯性和路径依赖，哪怕这种坚持并没给当事人带来任何好处，也会让他们觉得内心踏实，而且这样还可以很好地展现他们的"毅力"，甚至他们还会认为自己很了不起，执着于梦想，经常感动自己。梭罗曾经说过，大多数人生活在平静的绝望中。是的，他们宁可忍受平静的绝望，也不愿意选择新的领域或方向。为什么？因为选择需要智慧与技巧，还有改变的勇气和决心，以及面对可能的失败。正是这些内容导致很多人宁可无望地坚持，也不愿意勇敢地面对选择。

另外，我所说的选择比坚持更能体现你的智慧，并不是说不需要坚持。要知道，任何一个目标的实现，都是坚持不懈、持续努力的结果。我这里强调的只是选择的重要性，而一旦我们做出选择，就要坚持下去。重点在于，这是我们做出正确选择之后的坚持。这种坚持从概率上看，会极大提升我们取得职业成就的可能性；而无论结果怎样，这种坚持都会是自觉的、有价值的和充满希望的。

要点总结

高校教师在职业生涯之中会面临很多选择，选择不同，职业前景大不相同。先做选择、再去坚持是智慧的表现。拥有概率思维，懂得对冲风险，掌握最优停止策略，能帮我们做出不坏的选择。而一旦做出选择，就要持续不断、长期不懈地坚持下去。

Chapter 3
第三章

升学历、拿文凭，学力比学历更重要

高校教师属于专业技术人员，高校教师的行业生态与准入门槛决定了每一位想要保住饭碗或者顺利入职的人，都要达到底线要求：博士毕业并且拿到学位。为满足这一点，需要踏上"求学"之路，提升学历、拿到文凭。本章会细数高校青年教师"求学"过程中会遇到的各种问题，提供系统翔实、"干货"满满的解决方案。

1. 关于"求学"你该知道的事

高校教师要想向上发展，通过"求学"来获得博士学位，拥有博士文凭是必不可少的。我们先来看看"求学"所要"求"的是个什么，再来回答一下学历、学位、文凭这些事物和"求学"之间的关系是怎样的。在此基础上，关于"求学"我们该知道的所有事，也就容易把握了。

"求学"求的是什么？

所谓"求学"，求的是什么呢？要想回答这个问题，得先来说说学历、学位、文凭这些概念以及它们之间的区别。从"小么小儿郎，背着那书包上学堂"开始，我们一路披荆斩棘，先接受九年制义务教育，然后考上高中，再到后来的大学和研究生。一路走来，我们的学历层次不断提高，也不断为拿到更高的文凭——也就是学历证书而战。比如，我的女儿就非常荣幸地在 2021 年 7 月完成小学学业，成为一个拥有小学文凭的人。

文凭是接受学历教育的证明。落在具体的证书上，当然是毕业证最好，但结业证和肄业证其实也是文凭。结业证能证明我们完成了这个层次的学历教育；肄业说证明我们没能完成这个层次的学历教育，有学籍，但没能完成学业。拿到肄业证的人的最高学历，以肄业之前的学历层次来认定。说来说去，文凭是我们学习经历的证明。

而为了证明我们达到了与自己接受教育程度相匹配的学术水平，我们还得拿到学位。从大学本科开始，我们将有机会获得学位。我国的学位有3种，由低到高分别是学士学位、硕士学位和博士学位。学位是标志我们学术水平达到规定标准的一种学术称号。所以，学位不同于学历，完成大学和研究生学历的，不一定能拿到相应学历层次的学位；而拿到了学位，也不一定就能获得相应层次的学历证明。比如，我在硕士阶段读的是高校教师在职硕士，这是专门面向在职高校教师招生的一种专业学位，修满学分、通过硕士学位论文答辩之后就只拿到了硕士学位证，但没有硕士毕业证，俗称"单证硕士"。

再有，博士后不是学历教育，也没有相应的学位，它是一段研究工作的经历。在站博士后的身份不是学生，而是从事研究工作的科研人员。

好了，说了这么多，文凭和"求学"是个什么关系呢？在我看来，"求学"就是通过接受正规的学历教育而让自己获得与学历教育水平相匹配的学术水平的过程。从结果上看，"求学"是要拿到学历证书，获得学位。

如此一来，"求学"和高校教师向上发展的关系也就浮出水面了。两者的关系主要体现在两个方面：其一，"求学"会帮你获得和高校教师行业准入门槛相匹配的学历和学位，而只有拥有它们，你才有机会进入这个行业；其二，"求学"会帮你获得从事高校教师工作所必需的职业素养，而你的职业素养越高，向上发展的机会越大。

"求学"不是目的，而是手段

如果在高校教师的行业之外想进入这个行业，"求学"可以帮我们拿到敲门砖；如果已经在高校教师的行业内部了，"求学"可以帮我们在高校站稳脚跟并获得发展。无论是接受学历教育还是攻读学位，博士都是最高阶，而高校教师的准入门槛（除了紧缺学科专业）基本也就是博士毕业并拿到学位。因此，对于高校教师以及希望成为高校教师的人来说，"求学"的工具价值要想真正发挥作用，它的底线要求是——博士毕业并拿到学位。

"求学"有进攻型和防守型之分

从上一点出发，"求学"有进攻型和防守型之分，目的不同，选择也不同。如果在高校教师的行业之外想进入行业，那么我们的"求学"就是进攻型的，既然是"敲门砖"，砖头的分量越重、力道越强，敲开门的机会就越大；而如果已经在高校教师的行业内部了，我们的"求学"就是防守型的。比如我当年由于地方教育资源整合而以中专教师身份进入高校教师行业，拿着本科文凭来给本科生上课。为了在高校站稳脚跟，我走上了被动型的"求学"之路。不过随着高校教师行业内部的竞争日趋激烈，进攻型"求学"恐怕会成为未来的主流。关于这个问题，我会在"主动进攻才是最好的防守"那篇文章中展开讨论。

"求学"之路且长且阻,需要强大内心

"求学"之路注定艰难,要做好心理准备。以攻读博士学位为例,从考取到修满学分再到完成小论文的发表和毕业论文的开题、写作、中期考核、预答辩、内审、外审和答辩……除了修满学分相对容易之外,攻读博士学位的全过程都是充满艰辛的。而且就算顺利毕业了,如果在国务院学位办的学位论文抽查中被认定为"问题论文",还面临被撤销学位的风险。如果是在职攻读博士学位,可能在此期间又赶上自己所在单位参加教育部本科教学工作合格评估。如果是结了婚有了孩子才攻读博士学位的,或者自己就是一个、两个或三个孩子的母亲……相信每一位过来人都知道我在说什么,单是回想这些往事都会瞬间收起笑容。

做好攻读的学位 / 文凭含金量缩水的准备

还要调整预期,做好千辛万苦拿到的文凭和学位含金量缩水的准备。我国研究生教育的规模在不断扩大,一年毕业的博士研究生以十万计,硕士研究生以百万计。于是,除了紧缺学科专业之外,不是有了博士文凭就可以高枕无忧的,这只是刚刚跨过门槛而已。就算是"985""211"或者"双一流"高校博士毕业,别忘记还有以美国常青藤大学为代表的世界名校海归博士要来争抢国内高校的入职机会。目前来看,越是知名大学,招聘教师的门槛越高;位于一线或新一线城市的一些不太入流的高校,也因为地理区位上的优势而把招聘教师的门槛定得非常高。

以上就是关于"求学"你该知道的事。我知道这些介绍并不能安慰到你，一切看上去似乎都有那么一点点"丧"。真正的英雄敢于直面惨淡的现实，我们要做个直面现实的英雄主义者，而不是选择抱怨或者放弃。曾经在哈佛大学担任校长20年之久的德里克·博克说过一句话："如果你认为教育的成本太高，试试看无知的代价。"我们共勉。

> **要点总结**
>
> 所谓"求学"就是通过接受正规的学历教育而让自己获得与学历教育程度相匹配的学术水平的过程。求学会帮当事人获得和高校教师行业准入门槛相匹配的学历和学位，获得高校教师向上发展所必需的职业素养。关于"求学"，要明白：①"求学"不是目的，而是手段；②"求学"有进攻型和防守型之分，目的不同，求学方式也不同；③"求学"之路会很艰难，要做好心理准备；④调整预期，做好求学获得的文凭和学位含金量会缩水的准备。

2. 选择专业方向要问自己三个问题

如果上一篇文章有关"求学"的那些文字没能阻止你奋进的脚步，那么请问，踏上"求学"之路首先要回答的问题是什么？是选学校、选导师，还是选城市？我的回答是否定的，以上都不是。因为这些问题在"求学"的价值序列里都是次要的，都要给下面这个问题让路，这个问题就是专业方向。

确定专业方向为什么重要？

"求学"先要选专业，确定专业方向。为什么专业还要选，为什么专业方向这么重要？归结起来其实就一点："求学"之路其实也是一个专业方向的"校准"之旅，这种校准的目的是让职业目标更早进入我们的射程。如果本科阶段我们所学的专业不适合自己，确实不感兴趣，那么在报考硕士的时候就可以换一个，博士阶段也是同样的道理。我在报考博士的时候把本科和硕士阶段学习的马克思主义理论与思想政治教育专业换成了民族政治学。我还见过本科读会计学专业，硕士、博士读中国现代文学的，现在已经是双一流高校的教授和博导。国内社会学界还有一位鼎鼎大名的学者，他本科读的是生物学专业，硕士读的是昆虫生态学，后来读了社会学专业的博士并逐渐成长为社会学界的一面旗帜。

也就是说，"求学"之路为我们提供了难得的改旗易帜、改弦更张的机会。毕竟在一个自己更感兴趣、更热爱也更擅长的专业方向，我们才更容易坚持下去，取得职业成就。所以在我看来，专业方向的重要性要远大于学校、导师和城市这些因素。

那么，怎样选择"求学"的专业方向呢？我们以攻读博士学位为例来说说这个事情。我们这里所说的专业方向，对应的是博士研究生招生专业目录里的"专业代码、名称及研究方向"这一栏。具体来说，这里的"名称"就是专业方向。一般而言，这里的专业方向相当于二级学科，但每个招生单位的具体专业名称表述上还是有着不小的出入，更聚焦于招生单位的师资特点与研究所长。

如图 3-1 所示，在我们选择自己的专业方向时，要问自己"长""宽""高"三个问题。

图 3-1　选择专业方向的长、宽、高结构图

"长"：如果在该专业方向上坚持 20 年，你是否愿意？

这个问题是要帮我们从时间维度上慎重对待自己的专业方向。一个让我们有兴趣、有信心、有决心长期坚持下去的专业，显然要比其他专业更能支撑我们的职业生涯全周期。再有，时间是可以带来复利效应的，就像股神沃伦·巴菲特说过的那样："人生就像滚雪球，重要的是找到很湿的雪和很长的坡。"很湿的雪，就是我们擅长且热爱的专业；很长的坡，就是我们在这个专业方向上投放的时间。很湿的雪配合很长的坡，我们的职业生涯才能像滚雪球那样越滚越大。如图 3-2 所示，为了更为直观地形成一种激励效应，我斗胆做了个夸张的图。

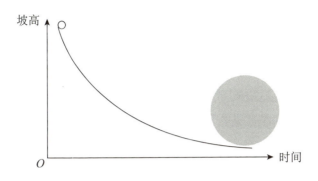

图 3-2　时间复利效应的"滚雪球"图示

当然,这里说的 20 年不是说一天不能多、一天不能少。它所要表达的是在我们在选择专业方向的时候,要有长远的眼光。如果只是因为某个学校离家近,自己和某位导师比较熟,或者只是向往在某个城市读书而选择了一个看不到前景、自己也并不喜欢的专业,那就有点舍本逐末、买椟还珠了。

"宽":该专业方向的横向迁移难度大不大、成本高不高?

可以把这个问题视为上个问题的补充。它的目的是要帮助我们分析这个专业方向的横向流动性,以及流动的成本和代价。它给我们提供了一条退路,帮我们未雨绸缪,如果哪一天我们在某个专业方向上坚持不下去了,这个问题会帮我们对转换专业方向的难度和成本做一个事前的评估。

比如说,如果我们学的是政治学学科中的"政治学理论"专业,这个专业是政治学学科得以建立的基础理论,对于整个学科的存在与发展具有奠基作用,那么这个专业横向流动的难度就小,迁移成本就低。道理很简单，因为政治学学科内部的各个专业都少不了基础理论的支撑。再如，物理学学科下面的理论物理专业，系统科学学科下面的系统理论专业，也是类似的情况。而如果有一天我们想从微生物学转向生理学（同属生物学），想从皮革化学与工程转向制浆造纸工程（同属轻工技术与工程学科），那难度就比较大。

"高"：该专业方向在本学科中的地位、作用和影响力怎样？

这个问题是要帮我们在空间维度上提供一个纵向坐标，了解这个专业方向发展的"天花板"。我们知道，每个学科（一级学科）都是由很多二级学科构成的，我们在求学的时候所选择的专业方向，其实指向的是二级学科。那么，这个二级学科在这个学科里处于怎样的地位？是属于基础学科，还是新兴学科？还是不痛不痒、比较尴尬甚至已经走向边缘化的学科？对于这些问题的判断是非常重要的，因为选择了不同的专业，也在很大程度上决定了你的职业"天花板"。

以上是从静态的角度观察不同专业方向，此外还可以从动态的角度来回答这个问题：目前在这个专业方向上做得最好的那个（些）人是谁？他（们）在这个学科中的影响力怎样？很多专业方向成为"显学"离不开"关键人物"的贡献和引领。比如，诺贝尔经济学奖得主理查德·塞勒让昔日名不见经传的行为经济学在经济学的学科大厦里快速"蹿红"。如果我们能看清趋势，跟随这类关键人物的脚步，随着专业方向的崛起，也能达到"好风凭借力，送我上青云"的效果。

> **要点总结**
>
> 　　选择专业方向在求学之路占据核心位置。为了更好地做出专业方向选择，我们应：①从长度上看，选择那些值得长期投入的专业，让时间带来"滚雪球"复利效应；②从宽度上看，选择那些能提供较好流动性的专业，以备不时之需，降低迁移难度和成本；③从高度上看，选择那些在本学科中具有更高地位、发挥更大作用和具有更多未来影响力的专业，可以拥有更高的职业发展"天花板"。

3. 选导师比选学校重要

　　在前一篇文章中，我们已经了解到选择专业方向对于"求学"以及高校教师向上发展的重要性。那么，当我们确定了专业方向，接下来该考虑的是什么问题呢？是选学校、选导师还是选城市，哪一个拥有优先级？

攻读硕士学位要先选城市

　　如果是去攻读硕士学位，我建议先选城市。因为选择了不同的城市，基本就等于选择了不同的人生。硕士三年会发生很多事，而人生是被一连串的事件以及我们对事件的态度塑造的。不同的城市，发生的事会不同，而我们的态度也会受到很多不同因素的影响——通常而言，越是包容开放、兼容并蓄的城市就越有助于我们的成长。在硕士阶段，态度、格局和精神成人，其实都比专业素养更重要。话说回来，硕士阶段想要拥有多么深厚的专业素养、获得多么高超的科研能力也不现实。

接下来要选的是学校，其次才是导师。关于学校，只要自己的实力允许，自然要去选最好的学校。学校的实力主要看我们报考专业的全国排名情况，再参考学校在全国的排名。如果排名靠后一点但城市非常理想，那就干脆放弃专业排名选城市，道理说过了。关于导师，现在更多的学校是先入学再选导师的，另外也有一套规定好的流程来帮我们和导师进行双向选择。所以，这个环节反而是我们最不容易预判和计划的。好在硕士阶段这个环节的影响并没有那么大，至少没有博士那么大。如果确实非常介意导师的选择，那么在流程之外，也可以参考我下面对于攻读博士学位如何选导师的建议。

攻读博士学位要先选导师

鉴于我们这里讨论"求学"的目的是要入职高校教师行业或者在高校站稳脚跟，而这个门槛的基准线应该是博士毕业并且拿到学位，所以这篇文章开头问题的优先级对于攻读博士的小伙伴们会有所不同。如果是要去攻读博士学位，我的建议是先选导师。

导师比学校重要，也比城市重要。其一，这是由博士阶段的特点决定的，学习课程、修满学分对于绝大多数在读博士而言不再是压力，真正的压力来自科研相关的部分。而科研相关的部分，导师的重要性就体现出来了。其二，"水"一个文凭和真金白银拿到文凭的差别，将在我们入职高校之后显露并深刻影响未来的职业发展。文凭是"水"来的，还是真金白银打造出来的，和导师关系密切。其三，博士阶段科研成果的质量，将是我们通向不可能的唯一可能之路。什么意思呢？如果我们和未来入职高校的竞争者在学历学位方面不分伯仲或者处于劣势，那么科研成果将会成为唯一的"撒手锏"。好导师会助力我们提高科研成果的质量。其四，如果我们足够勤奋、比较聪明也非常幸运，那么导师还可能成为未来职业发展关键节点上的助力。

因此，到了求学的博士阶段，选择了怎样的导师以及和导师建立了怎样的关系，都会对我们职业生涯的未来产生非常重要的影响。而且，导师是否同意收下我们——这是决定我们能否考取博士的核心变量，在申请-审核制越来越普及的今天就更是如此了。

所以综合来看，选导师胜于选择学校和城市。

选导师的两个维度：学识与人品

那么，怎样选择导师呢？首先要消除一个认知上的误区，别把导师想象得高不可攀。他们当然很厉害，占据了这个行业金字塔尖的位置，但是除了绝对顶级的那些人之外，更多导师也只是普通人。我们从选导师的一开始就先认定导师是个普通人，从概率上说，这是最稳妥的起点。

在排除有可能干扰我们做出正确选择的"光环效应"之后，选导师主要看两个维度：学识与人品。

学识，简单来讲也就是导师学术思想、科研能力的高度、深度和广度。这些内容其实很难加以量化和评价，好在它可以体现在学术、科研成果之中，包括论文、著作、专利、研究报告和其他各类出版物，以及由此获得的各级各类奖项。我们通过对导师学术、科研成果的检索、阅读与了解，基本就能形成对导师学识的判断。

这里需要注意的是，学术兼职和社会兼职情况也要作为衡量导师"学识"的一个参考指标，只不过这个指标和"学识"的关系没那么直接，需要我们自己权衡。其一，没有任何学术兼职和社会兼职的话，或者说明导师的学识还没有成为他所在研究领域和行业的"硬通货"，学识"变现"能力不高，或者说明导师不屑于"变现"。前者与影响力有关，后者与清高程度有关。无论前者还是后者，这种导师恐怕都不是最好的选择；其二，学术兼职和社会兼职非常多的话，那说明导师的影响力大。一般在研究领域内的影响力越高，学术兼职就越多；在行业里的影响力越高，社会兼职就越多。这就需要我们动用智慧来进行识别了，我的观察结论是，学术兼职多的话问题不大，比如某国家级学会的常务理事、副会长之类的，导师是业内"大咖"，学术资源比较多，这对我们是好事。而社会兼职多的话，就需要慎重对待了，比如在上市公司做独立董事，在政府部门做咨政专家（智库专家），在大型国有企业里做顾问之类的。这种导师的社会活动能力很强，手里不缺经费，但我们很有可能成了他社会兼职领域的行政秘书、财务报账人员、项目组里的"打工人"。

再说人品。如果学识过硬，那自然是选择人品越好的导师就越好。但是，如果导师的学识马马虎虎还非常"佛系"，不排除在我们跟他学习的过程中他突发奇想遁入空门，这种导师我们还是要慎重再慎重。人品再好，恐怕我们也很难从他那里获得学术成长，甚至毕业都费劲。做人比做事重要，这句话作为一个原则那自然没问题，只是别忘记我们不是生活在原则构成的理想国，而是要在鸡零狗碎、一地鸡毛的现实世界里奋战的。

人品怎样考察？多接触。没办法在入学之前长期接触，至少也要努力制造接触的机会，增加接触的频次。咨询报考、投递简历的时候多交流一下，逢年过节多问候一声。另外，可以从各个搜索引擎中搜搜导师的信息，看看能否找到学生是如何评价这位导师的。这些都是非常重要的参考。

有几类导师见到了要赶紧跑：一是暗示甚至明示要和我们做资源交换的。二是暗示甚至明示我们要付出代价的。三是直觉对方就是"坏人"的。有时候要相信自己的直觉，因为我们对陌生人的直觉很有可能是准的。另外就算直觉不准，我们看走了眼，但第一印象认定导师就是"坏人"的话，那以后就算被录取了，也很难相处融洽。

最后我想提醒的是，我们都是成年人，不管选导师这件事情有多重要，影响有多深远，最终要承担成长责任的那个人是自己。关于选导师这回事，得之我幸，不得我命，保持理性，持续做出正确的选择。在博士阶段尽可能多地去尝试科研的多种可能性，对科研工作保持敬畏，完成学术训练、促进学术成长，这才是博士阶段我们最需要完成的事。

> **要点总结**
>
> 关于选城市还是选导师的问题，硕士阶段求学重点是"见世面"，因此选城市重要；博士阶段求学重点是"练本事"，因此选导师重要。选导师要避免"光环效应"的干扰，从学识和人品两个维度进行考察。学识可以通过导师的学术、科研成果，社会兼职情况来进行了解；人品可以通过多接触和多检索来进行了解。此外，要相信直觉。
>
> 不管选导师有多重要，学术成长是也只能是每个人自己的责任。

4. 主动进攻才是最好的防守

这篇文章，我想讨论一下在我们的"求学"之路上究竟是选择主动进攻好，还是被动防守好。其实这两种立场或态度，主要取决于当事人的身份。说得糙一点就是"屁股决定脑袋"——怎么想问题，主要是由想问题的这个人的身份决定的。比如，我们已经是高校教师了，发现自己身边有硕士、博士学位的同事逐渐多起来了；或者干脆就是学校有了明确的要求，在某年某月之前没有硕士、博士学位就不能再上讲台讲课，于是我们不得不踏上求学之路，这就是被动防守型。而如果我们还不是高校教师，想加入高校教师的队伍，于是开始求学之路，希望用硕士、博士学位作为"入场券"而拿到大学里的教职,这种情况就是主动进攻型。

清楚主动进攻与被动防守这两种立场或态度之后,我们就进入正题。

高校教师的最优策略是主动进攻

先说被动防守这一边。对于高校教师而言,"求学"在很大程度上是防守型的,因为不想失去自己的教职。或者至少在最初决定要去"求学"的时候是出于防守的目的:学校提出关于硕士、博士学位的要求。我当年去考高校教师在职硕士,就是典型的被动防守。说得直白点,被动防守也就是把满足最低要求的门槛、达到基准线作为自己"求学"的目标。

但是稍加分析就会发现,这种防守只是暂时性的而非一劳永逸的,道理很简单,水涨船高。拿到硕士学位了,发现身边的博士同事多起来了;拿到博士学位了,发现身边的名校博士多起来了;拿到国内名校博士学位了,发现身边的常青藤名校博士多起来了。就算抛开学历、学位这些不考虑,职称晋升的压力也如影随形。这就导致一个后果,如果只是被动防守,我们很快就会发现,我们又要不得不采取点行动了。而与其被压力推着不得不往前走,还不如主动采取进攻的策略,好歹还占了个先发优势。

求职人员的最优策略是主动进攻

再说主动进攻这一边。如果我们想要进入高校教师的队伍,那拿到博士学位算是最基本的准入门槛,基本就没硕士什么事儿了(除非稀缺专业)。所以没啥好商量的,我们必须要拿到博士学位。然后还是稍加分析,既然高校教师的准入门槛就是博士学位,于是这个筛选机制本身也就轻而易举地抹平了博士学位的普遍价值。由于竞争对手都是拥有博士学位的人,所以博士学位本身反而变得不重要,有价值的地方在于怎样提高博士学位的附加值。

于是,新的进攻目标也就出来了,国外名校难度太大不去考虑的话,至少也要是国内的"双一流""985""211"高校。高等教育资源的分布同样不均,这就导致我们的"求学"之路虽然同样都是奔着一纸文凭去的,可文凭和文凭的含金量却有着实实在在的差别。所以简单来讲,主动进攻的策略也就是让自己的目标尽量高于基准线,拥有竞争的势能。

当然你可能会说天生我材必有用,英雄莫问出处。就算我只是读了个"四非"高校(非"985"、非"211"、非"双一流"高校)的博士,只要我肯努力,就总有出头的那一天。道理确实是这个道理,可是很多高校从节省筛选成本来考虑,直接就把入围的门槛提高到"双一流"高校、"985""211"高校或者海外名校,这就导致其他高校毕业的博士生们连入围的机会都没有。而且退一步讲,能够考取名校除了运气和资源之外,他们本人大概率上也真的是非常勤奋和努力的,请不要选择性地遗忘这一点。

在这方面我是有过切身体会的。我做博士后的 TOP 5 高校,招聘教师的起点就是海归博士。当年我曾野心勃勃地向这所高校的一个研究院投递了简历,复印了五公分厚的科研成果,结果苦等了一个月也没有等来面试通知。现实就是如此，当我们打算通过求学进入高校教师队伍的时候，要更具进攻性、更有野心才行。

相信读到这里，你能明白我为什么说主动进攻才是最好的防守了。无论我们为捍卫自己的高校教师岗位还是想进入高校教师的队伍，主动进攻恐怕都是求学的最优策略。我们通过求学拿到一纸文凭的含金量越高，我们就越有可能敲开更好高校的大门，这一点对于两种身份的当事人同样适用。

选择导师也要主动进攻

顺着这个思路延伸开去，其实在求学的很多其他环节里，主动进攻也是最优的策略。比如前面我们提到过的选择导师。

在选择导师的时候，别总想着变着法子地去恳求老师。当我们这么想和这么做的时候，就是在被动防守。为什么？因为每个报考的人都是希望导师能收下自己的，你的诉求和其他的报考者并没有什么不同。要想获得竞争势能，我们就得提高自己的目标，多想想自己能给导师带来什么价值。比如，我们的科研能力比较强，能成为导师科研工作的得力助手；我们的社会资源比较丰富，可以在某方面与导师互相帮助。

想想看，目前国内高校的导师一般是自带干粮（需要给学生支付一笔数额不等的培养费）来招生的，而且每年的招生名额又非常紧张。如果我们所能做的就仅仅是希望导师收下我们，那么自然毫无竞争力。

> **要点总结**
>
> "求学"有被动防守和主动进攻两种策略。被动防守是在满足最低要求的门槛和基准线上做努力,比如攻读普通高校的博士学位,请求导师接收自己;主动进攻则是尽力让目标高过基准线从而拥有竞争势能,比如拿到常青藤名校的博士学位,主动给导师提供价值。比较而言,主动进攻才是求学的最优策略。

5. 不是刚需就不去费力"贴金"

如果说前面的几篇文章都是为求学提供助力,那么现在这篇文章有点不同了,它是来泼冷水和踩刹车的。观点我已经明明白白放在标题里了,不是刚需就不去费力"贴金"。这个问题至少得从三个角度来谈:第一个是当事人视角;第二个是利益相关方视角;第三个是外部环境视角。我们一个个来说。

当事人视角:求学是职业发展所必需的吗

作为当事人,我们要问问自己,求学是否是我们职业发展中的"刚需"?如果我们已经是高校教师,身边拥有博士学位的同事越来越多,学校也明确要求在某年某月之前如果还是没有博士学位的话就不允许上讲台了,那么没毛病,是刚需;如果我们还不是高校教师，但是立志要进入高校教师的队伍，成为一名光荣的大学老师，那么没毛病，也是刚需；如果我们在高校的教辅岗位上工作，是一名大学辅导员，或者我们在高校的行政后勤处室工作，是一位办事员、科员，但非常希望能来到高校教学科研事业的一线，从事教学科研工作，并且认定这就是自己职业发展的方向，那么也没毛病，求学就是一种刚需。

在上面的这些情形里，我是鼓励你求学的，而且建议你越早开始越好。甚至如果我们所在的高校不允许转岗，那我们可以考虑先考上博士然后选择辞职，等博士毕业再换个高校成为一线教师。所有这一切的前提就只是"刚需"，只要是"刚需"，那就去努力。

现在的问题在于，如果我们是一家创业公司的创始合伙人，公司刚刚完成了 C 轮融资，正该大展身手、放手一搏，继续扩大市场份额，完成商业闭环，筹划上市；或者我们在国企、外企干得好好的，已经是公司的高管，年薪百万，甚至已经是公司的董事长、CEO、CFO、COO、CTO；或者我们在政府部门、金融系统、第三部门[①]供职，目前这事业发展的如鱼得水、风生水起，可以预期未来这三五年、十来年也没有离职转行的打算……

相信读到这里你已经明白我要说什么了。不是"刚需"，就别来。单纯为了装点门面而去美其名曰"求学"，对得起"求学"这两个字吗？道理其实很简单："求学"并不是前面谈及的人的赛道。但这类非"刚需"的人如果想要"求学"，他们的成功概

---

① 第三部门，介于国家和市场之间的非常营利组织、非政府组织、如俱乐部、慈善组织等。

率至少不会低于"刚需"者。

利益相关方视角：做同学很好，做对手很糟

再来看看利益相关方的视角。如果我们是"求学"的"刚需"者，那就属于利益相关方了，而且是最核心也最重要的利益相关方。说得实在点，我们如果能顺利考取博士，然后发现自己身边有那么一个或几个非"刚需"的同学也就算了，他们大概率还是我们的"明星同学"。请原谅我的实用主义立场，如果我们已经考取，这些非"刚需"的同学很可能会是我们在高校教师行业之外的重要资源。

可问题是，如果我们没能通过考试或者没能通过申请－考核，没有被录取呢？每年博士生的录取名额就是那么多，这意味着非"刚需"的他们每得到一个名额，"刚需"的人就会失去一个名额。作为利益相关方，损失就摆在那里。

外部环境视角：赢家通吃而不去吃的教养和格局

最后再来说说外部环境。"刚需"和非"刚需"的选手同场竞技，非"刚需"选手的竞技水平高不高我说不好，但他们的求学成功率一定不会低于"刚需"者。这会导致什么后果？说他们是"劣币驱逐良币"，败坏社会风气的话，这话就太狠了点。毕竟非"刚需"者也是，甚至比"刚需"者更是社会精英。他们有梦想、有资源、有实力，更有执行力。

但是，如果因此就说他们是值得被歌颂和称赞的，进而用"鲶鱼效应"①来为他们开脱的话，恐怕也有点言过其实。孟子有句话叫"有所为有所不为"，说的是人要审时度势，善于取舍。选择对自己真正重要的事情去做，而不去做那些不重要或者不该去做的事情。"有所为有所不为"是一种处世之道，也是一个人做人的原则和底线。同时，人也是要有点社会责任的，在自己成为赢家、可以通吃而不去吃的时候，才更能体现赢家的教养和格局。

要点总结

在做出决定之前要问问自己，"求学"是否是职业发展中的"刚需"。如果仅仅是为了"贴金"，最好还是把稀缺资源和机会留给更需要它的人。有能力获得却懂得保持克制、不去伸手，这是教养，也是格局。

6. 想毕业就要"脱层皮"

在前面那篇《关于"求学"你该知道的事》的文章里，我提示了一下关于"求学"之路注定艰难，需要做好心理准备的问题。这篇文章让我们继续深入，谈谈从考取博士到顺利毕业这个过程

---

① 所谓"鲶鱼效应"，原意是指挪威的渔民为了不让捕捞到的沙丁鱼窒息而死，会在运装沙丁鱼的容器里放一条鲶鱼。这样在鲶鱼的搅动之下，沙丁鱼的活力也被激发出来。后来人们就用鲶鱼效应来形容那种引入外来人员以保持团队成员活力与热情的办法。

之中要经历的"九九八十一难"。当然我这么做的目的不是让你知难而退，而是希望你能脚踏实地、保持理性，对于考取博士之后将要面对的事情做好充分的准备。知己知彼，方能百战不殆。

如果说高考之前，老师们常用"考上之后就轻松了"来时不时地安慰一下我们，也激励我们再坚持一下、努力一些的话，我觉得这是"感动中国好老师"——因为他们说的是对的，大学阶段完成学业、顺利毕业的压力确实要小于高考。然而，如果我们因此就形成了思维的惯性，想当然地认为博士也是毕业容易考取难，那就彻底错了。博士阶段的真相是：不管我们是如何过五关斩六将，多么惊心动魄、险象环生才考取了的，其实真正的麻烦才刚刚开始。概括起来，麻烦的内容包括修满课程学分、取得科研成果、写出博士论文并通过答辩。

让我们按照"麻烦系数"由低到高的顺序来做一个介绍。

课程学习不只是修满学分这么简单

先说修满课程学分。修满规定的课程学分是博士毕业的必要条件，属于底线要求和规定动作。比较而言，这个部分是我们完成博士学业、达成顺利毕业结果中最没有压力也最容易完成的内容。如果博士毕业就是修满课程学分这一项，那它的压力甚至都要小于本科生，这篇文章也就没有必要写了。

这里只想提醒几个小问题：其一，公共必修课距离专业素养培养和科研能力提升最远，却是修学分过程中的重头戏和最难变通的部分。所以无论是公共政治理论课还是公共外语、第二外语，一定在规定时间完成规定动作，保质保量完成。其二，无论是专业必修课还是专业选修课，课堂学习的时候要把重点放在回答"这个内容对于我的博士论文选题和写作有什么启发"的问题上。也就是说，这些课程不能看个热闹、得到学分就满足，而要让课程学习为我们接下来的"硬仗"——完成博士学位论文赋能。其三，无论是课堂上的讨论还是课下的课程论文和作业，我们都要想办法把它们变成"论文"。博士在读期间多多少少会有一些科研成果上的要求，不达到要求也就没有申请毕业答辩的资格。所以，一定要未雨绸缪、早做准备。

一句话，修满课程学分是底线要求和规定动作，在"修满"的同时，努力让课程学习为科研成果和毕业论文赋能。

阶段成果你不重视，它就会逼着你重视

再说取得科研成果。想要拿到参加毕业答辩的入场券，除了修满课程学分之外，还要完成一定的科研成果，一般是公开发表的一定数量和级别（影响因子）的论文，俗称"小论文"。这是顺利毕业的自选动作却又不得不选。

不同高校和科研院所对于在读博士的培养方案不太一样，对于"小论文"的要求也大相径庭。比较讽刺的一点是，似乎越是"高大上"的高校和科研院所，对于在读博士的科研硬性要求越低。按道理说，好的平台和环境，博士生是更容易出成果的，但它们往往不做过分硬核的要求；反倒是那些一般的单位对在读博士非常苛刻。这也是为什么我会在前面的文章中鼓励主动进攻，

因为主动进攻考取了"高大上"单位，你所遇到的流程化的、较苛刻的麻烦会更少。

鉴于现在的国内在读博士生的环境，我们一定要早些着手写作和投稿"小论文"。同时，鉴于现在的学术期刊从审稿、录用再到刊发的周期普遍较长，越是高级别期刊的周期就有可能越长，因此早些着手就真的很有必要。别等到课程学分都已修满，学位论文也通过开题了再回过头来谋划这件事，那样真的会非常被动。

这里再提醒一句，能从课堂学习中的"这个内容对于我的博士论文选题和写作有什么启发"入手来写作"小论文"是非常理想的，因为这样一来，我们的时间、精力都投向了同一个方向，"小论文"也会为博士学位论文（俗称"大论文"）提供研究基础和前期准备，甚至直接就是"大论文"的一个重要组成部分。这样事半功倍、一举两得。

写出博士论文并通过答辩

最后再说一下重头戏：写出博士论文并通过答辩。整个过程是一场为期两年的、戴着镣铐的持续写作，是包含有限自选动作的规定动作。以四年制博士为例，从流程上看，一般是在第五学期初的时候进行开题，第八学期末的时候进行毕业答辩。其间还包括中期答辩、预答辩、内审、外审环节，每个环节都需要返修，而且每个环节都有淘汰。不管哪个环节被淘汰出局了，就全部推倒重来。这里还不包括在进入各个流程之前与导师的充分交流与沟通——导师不同意的话，我们是无法进入这个流程的，哪怕进了流程还有被淘汰的可能。

所以我们在这两年的时间里，简直步步惊心，一步一个榔头，玩的就是心跳。我当年还算幸运，导师那边都是满意的，于是我在规定时间里完成了规定动作，走完全部流程拿到博士学位；我身边有的同学就比较惨，导师推荐的选题他不喜欢，结果自己一连换了三个选题都没能说服导师，而导师不满意不同意，他就不能参加开题答辩。

怎么样，感受到一点点压力没有？而且正如我在前文里提到的那样，就算通过答辩顺利毕业了，如果在三年后、五年后、十年后的任何一次国务院学位办的学位论文抽查中被认定为"问题论文"，就面临被撤销学位的风险。注意，一旦被认定为"问题论文"，那就是一票否决，是没有申辩的机会的。这就是说，"大论文"的质量重于泰山，要确保自己在这个问题上拼尽全力。

"成年人的世界没有容易二字"可能有点夸张了，但这句话用来形容读博士，说"在读博士生的世界没有容易二字"，确实比较恰当。

要点总结

影响博士毕业的关键任务包括但不限于修满课程学分（修学分）、产出达到要求的科研成果（小论文）、写出博士论文（大论文）并通过答辩：①修学分是博士毕业的底线要求和规定动作，留意让课程学习为"小论文"和"大论文"赋能。②"小论文"要及早谋划，将"小论文"与"大论文"统筹考虑会事半功倍。③"大论文"要做好流程管理，处理好与导师的关系，全力以赴提高论文质量。

7. 学力比学历重要

在本章的最后一篇文章中，我想再回到问题的起点，从对"求学"本身的思考出发，对于"求学是在求什么"的问题再做些建设性的讨论。

求学是个"一体两面"的过程

前文指出，所谓"求学"就是通过接受正规的学历教育而让自己获得与学历教育水平相匹配的学术水平的过程。如果给这个过程设置一个里程碑，也就是从结果导向上看，"求学"也就是要拿到学历证书，获得学位。这个判断当然是对的，也符合我们通常意义上对于"求学"的理解。然而一旦我们把格局打开，从高校教师向上发展这个维度去观察，放眼我们的职业生涯全局，情况就会有所不同。

可以发现，"求学"的重点其实在于"让自己获得与学历教育水平相匹配的学术水平"。也就是说，虽然学历很重要，但"求学"重点关注的是当事人能否通过完成学历教育的过程，让自己拥有与此相匹配的学术成长能力。也即，"求学"内在地包含两方面的内容，学历和学术成长的能力，简称学力。学历是高校教师行业的敲门砖和准入证，而学力则是支撑高校教师在职业全周期里勇往直前、向上发展的加速器和永动机。

按说在"求学"的过程中，学历和学力是"一体两面"的，获得学历就意味着我们具备了相应的学术水平，而达到相应的学术水平就可以获得学历。这是从应然上进行分析的结果，可"不看不知道，世界真奇妙"，现实情况要复杂得多。

学历与学力的错配

一方面，有可能出现获得学历却没有拥有相应学力的情况。比如，如果有位非常"给力"的导师，他对博士生的指导非常用心，或者出于赶紧让博士生毕业的心态而多有帮助，从而确保了大论文的质量；或者就是博士生单纯运气好，各个环节没碰到较真的评审专家，勉强达到及格线。这些状况会让你幸运地获得学历，但这又是非常不幸的，因为这些都不利于获得学力。

另一方面，拥有学力而没有相应学历的也大有人在吧？想想看，屠呦呦的学历可就只是本科，被媒体报道称为"中国第一个学术个体户"、对 20 世纪八九十年代乃至现在的中国社会科学学术发展产生重要影响的邓正来老师也就只是个硕士毕业生。这是明显的学力碾压学历的铁证。不过现在我们的年轻同行里学历不高的人不多了，因为水涨船高，拥有高学历才能进入行业赛道。

如此说来，我们更该关注的是——是否拥有了和自己的学历相匹配的学术成长能力？

在获得学历的基础上，注重学力提升

经过如此分析，就不难回答该怎样认识学历和学力的关系问题了。

第一，学历很重要。对于高校教师以及希望成为高校教师的人来说，"求学"要想真正发挥作用，它的底线要求是——博士毕业并拿到学位。所以我们的"求学"之路必须以获得学历作为直接目标，而拿到学历也是我们"求学"之路上的标志性成果。

第二，在承认上一点的基础上，我们必须意识到学力比学历更重要。学历再怎么光鲜耀眼，如果学力和学历不匹配，进而与高校教师行业的科研能力要求不匹配，那难受的日子在后面。很多在读期间发表了很多学术论文，一路风光无限的博士入职之后就表现平平，为什么？缺少了出身名校或学科专业方向国内排名第一的光环，没有了导师的推荐和二作加持，他们也就失去了自己的核心竞争力。那句话说得好，只有等到潮水退去，才会知道究竟谁在"裸泳"。博士毕业入职高校教师行业之后，才是真正考验和检验我们是否拥有学力的起点。

第三，懂得了学力比学历更重要的道理，我们的求学之路该怎么走，更该关心什么也就不言自明了。我们应该懂得下功夫的道理，刻意练习、反复锤炼，努力让自己拥有与学历教育水平相匹配的学术水平，而不是投机取巧，心存侥幸。在本书的第一章里，我们曾经讨论过学习能力对于高校教师的重要性。在这里，这个道理依然适用并且变得更加聚焦——"求学"的过程就是获得学术成长能力的过程，而学术成长能力是学习能力的核心。它会帮助我们向着自己所在研究领域的顶峰发起冲击，也可以帮助我们在遭遇挫折或者遇到瓶颈的时候，有机会跨越周期、转换赛道，从一个研究领域以高能量姿势转型进入另一个领域。总之，学力可以帮助我们向上攀登或者开疆拓土，而这些都是高校教师向上发展不可缺少的核心能力。

如此看来，其实我们的整个职业生涯都处于"求学"的路上，道阻且长，且行且珍惜。

要点总结

求学的结果是拿到学历证书，获得学位。但在这个结果之外更要关注学力问题，也就是学术水平的提升和学术成长能力的培养。学力才是支撑高校教师向上发展的重点。学历是一个结果，证明一个人曾经做到过什么；学力则是包打天下的绝杀技，它会一直伴随个人向上攀登、开疆拓土。

Chapter 4
第四章

备好课、讲好课，轻松当个好导师

大学老师是人民教师队伍中的一员，教师的本职工作是教书育人。高校青年教师该怎样教书育人呢？这是本章要集中讨论的问题。从怎样备好课到怎样讲好课，从怎样才能受到学生欢迎、赢得学生信任，再到怎样开好组会、带好团队、指导学生完成各项规定任务，这里提供了一套系统化的方法论和知识清单。

1. 备课需要"四件套",一个都不能少

教学工作对于高校教师而言,就跟程序员需要写代码、快递小哥需要送快递是一样的。教学工作最核心的内容就是要讲好课,而要想讲好课,就得先备好课。因此,备课和讲课是一枚硬币的两个面,不充分备课就别想讲好课,但凡课讲得好的老师,一定下了大力气去备课。

备课与讲课要一起培养、同时训练

如果是师范类专业本科及以上毕业的,那想必有关教育、教学、教法的概念、知识、理论、方法、技巧及实习实训环节应该都不会太差。而一旦套路明白了,再把平时的实习实训跟得紧一点,备课和教学的这个事情也就轻松过了合格线——是那种去了高校应聘试讲,规定要讲二十分钟然后只讲五分钟就被领导打断说可以了,直接过的那种合格。

如果不是师范类专业本科及以上毕业的,那恐怕备课和教学还真就会是一个问题。我见过太多学富五车却备不好课、讲不出来、不会教学的人。为了避免让自己成为这类人,尤其是在并不确定自己已经学富五车的情况下,最好是先找几本师范类本科生用的教育学基础、教学法通论、学校教育心理学之类的教材拿来

恶补一下，有事没事再经常翻翻《课程·教材·教法》这类学术期刊。如果想有点外在压力，快速上手，可以邀请平时聊得来的三五好友来家里当"评委"，然后按照事先准备好的内容如此这般地给大家"试讲"一遍。之后请他们提意见、挑毛病。这种"旁观者"视角的引入会帮我们发现很多自己注意不到的短板和不足。上学期我被系里"抓壮丁"去参加学院的课程思政教学比赛，在比赛之前的那一晚，我是让爱人和女儿给我当"评委"，帮我把关的。

当然我这里讲的是怎样拥有备课和教学的实际能力，如果想要考教师资格证的话，那就按流程报名、申请、交钱、复习、备考就可以了。需要说明的是，高校教师资格证是入职之后才能申请的，所以高校教师的教学工作一开始都属于"无证上岗"，在证书下来之前（其实下来之后也是一样），大家比拼的都是实际的备课和教学能力。这篇文章重点介绍怎样备好课，下篇文章重点介绍怎样讲好课。

在我看来，如图 4-1 所示，要想备好课，这"四件套"必不可少——备学生、备教材、备案例、备互动。

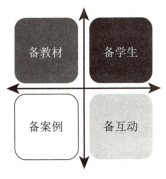

图 4-1　备课"四件套"图示

备课"四件套"之备学生

备学生,也就是要了解听课学生的基本情况。

为什么我们备个课还得去了解学生呢?原因其实很简单,请回答如下问题:教学是要为谁提供服务的?谁才是学习的主体?教学的目的是想让谁获益?对,这些问题的答案都是学生。既然学生在教学活动之中如此重要,我们自然要先了解学生的基本情况,才能做到知己知彼,因材施教。

那么,怎么备学生呢?

一方面,要备学生在学籍方面的基础数据。比如,学生是哪个年级的?一般大一新生容易管理,比较听话,第一次课打好了基础,这一学期的课堂纪律都不用愁了;大四的话,因为要实习、找工作、写毕业论文等,事情较多,对出勤率就不能有太乐观的估计,想让他们老老实实听课的话得下点功夫才行,同时还要做好心理建设、降低期待。比如,学生是什么专业背景的?他们的专业和我们讲授课程的匹配程度怎样?专业背景强相关、匹配度高的,我们讲课的时候就该努力体现专业性,可以考虑多往高层次带人,努力拔拔高;专业背景弱相关、匹配度低的,我们讲课的时候就越该体现课程的入门级、科普性和趣味性,做个启蒙者。再如,学生的生源所在地如何?如果本乡本土的学生居多,那就可以多提供本地知识,引起共鸣;如果学生来自五湖四海,那就多用共同的目标(修满学分)引导他们,和他们结下深厚的革命友谊。另外还需留意是否有转校(转专业)生、插班生和留级生,他们往往是课堂上的边缘群体,多注意他们,对课堂教学的控场是非常有好处的。

另一方面，要备学生的个体特征。主要包括性别、年龄、身高、体重、肤色等，注意讲课时举例子开玩笑什么的别引起不必要的尴尬，发生类似第94届奥斯卡颁奖典礼上的主持人被威尔·史密斯掌掴的事件。女生居多的课堂就和风细雨一点，男生居多的课堂就粗犷豪放一点。"萌新"多压着点，"老生"多哄着点，再额外留意有没有什么拄着拐的、打着绷带的、有身体残疾或情绪反常的。在提问和互动环节尽量别去惊动这类学生，体现人文关怀。

此外，在第一次上课之前熟悉一下学生的名单，认识姓名中的生僻字。实在记不住也可以在学生的名字上标上拼音。名字是一个人能听到的最美妙的声音，能叫准名字，对号入座，学生评教成绩优秀这个事情基本就稳了。

备课"四件套"之备教材

备教材，也就是按照教学大纲的要求熟悉课程教学中的知识点、重点难点和目标要求，完成课堂讲授内容的准备。说起来，这算是传统备课环节中的规定动作了，甚至是传统备课中的全部内容。备教材这部分我感觉没啥好提醒的，相关资料非常多，而且知识点、重点难点和目标要求这些内容，鉴于我们都是科班出身拿到博士学位的人，我就不在这里占用你宝贵的时间了。

备课"四件套"之备案例

所谓备案例,也就是要准备在课堂教学中使用的案例,用例证开展教学。

课堂教学中的案例有多重要呢?这么说吧,没有案例的课堂也就失去了灵魂,就好比菜肴之中没放盐。回想一下我们自己的大学时代,能被我们记住的老师有几个?能被我们记住的课程又有几个?以及最重要的——我们是为了什么而记住这为数不多的老师及课程的?对,答案来了,是案例。那些被我们不断想起,在十年、二十年同学聚会中被反复怀念的,是老师在课堂上使用的那些案例。超级畅销书《人类简史》的作者尤瓦尔·赫拉利指出,"故事是人类思考问题的中心,而非事实、数字或者表格"。如果我们的课堂教学里只有事实、数字或者表格而没有案例,那对不起,我们很难被学生记住,我们的课程很难给学生留下印象,而我们传授的知识也很少能进入学生思想的深处,助力学生的成长。

因此,备案例也就要求我们在备课时尽量想出和找到那些恰如其分、切中要害、生动且形象的案例,再把这些案例用讲故事的方式告诉学生。笼统来说,大到案例课,小到穿插在授课过程之中的看似不经意的小例子,都算我们这里讨论的案例。重点在于,力争每节课都要有案例。

备课"四件套"之备互动

备互动,也就是要在课堂教学设计环节对课堂中的师生互动进行准备。我们都知道，好的课堂教学都是互动的、双向的，有师生之间的沟通，而不是单向的灌输和说教。我们当老师的肯定要成为课堂教学的引导者和管理者，在更多的时候也是由我们来主讲，但是千万不要因此就忽视互动的重要作用。如果把课堂教学变成一种单向的、一厢情愿的表达和输出，那就背离了教育的本质。别忘记我们在前面介绍过的雅斯贝尔斯所认为的教育本质——"一棵树摇动另一棵树，一朵云推动另一朵云"；北京十一学校的校长李希贵也说过一句名言，"教育学就是关系学。教育学首先是关系学。"更不要说古代先贤还教导我们说要"教学相长"。这里其实都蕴含着互动的重要性。

因此，提问、答疑，用探究式教学法来对学生进行引导、提供反馈，都是不错的选择。就算是那种上百人、几百人的阶梯教室，要求学生齐声朗读一个定义，一起为某人某事鼓一次掌都是很好的互动。贵在设计，贵在实践。

认真做好这四个方面的准备，我们就算"万事俱备，只欠东风"，要去课堂讲课了。关于如何讲好课的问题，我们将在下一篇文章里讨论。

要点总结

讲好课的前提是备好课。要想备好课，需要备学生、备教材、备案例、备互动：①备学生，是了解学生基本情况，一个是学籍方面基础数据，一个是人口学特征。②备教材，是按教学大纲要求熟悉课程教学中的知识点、重难点和目标要求，完成课堂讲授内容准备。③备案例，是准备课堂教学中使用的案例，运用例证开展教学，用讲故事的方式进行实施。④备互动，是在教学设计环节对课堂中的师生互动进行准备，可以是提问、答疑、探究式学习，也可以是齐声朗读或者一起鼓掌。

2. 讲课是门手艺，需要修炼五项基本功

在上面这篇文章中，我们主要介绍了备课要备什么的问题。备好课是讲好课的前提，但这也只是必要条件而非充分条件。要想讲好课，除了课前做好各项准备工作之外，还要把讲课不断揣摩、反复练习。在我看来，要想这课能讲得好，至少需要修炼五项基本功，如图 4-2 所示。

图 4-2　讲课需要修炼的五项基本功

第一项基本功：口语表达能力

一旦我们站在了讲台之上，这讲好课的首要前提就呼之欲出了，那就是能"讲"，也就是口语表达能力。目前市面上关于口语表达能力提升训练的资料真的是五花八门，感兴趣的可以去翻开看看，我这里仅就和"讲好课"关系最为密切的内容做一个提示。

其一，口语化。如果我们讲课所使用的语言是教材的风格，那么最多十分钟，课堂就会变得死气沉沉、昏昏欲睡了。所以讲课的时候最好能放低身段，放下对于"哇哦，这可是大学课堂呀，我得显得很有学问才行，我要……"的执念。你正在读的这本书也一直是用口语化的方式来写作的，为什么？因为显得亲近、亲和，能拉近心理距离。讲课就更要如此。其二，控制好语速。课堂授课是一对多的公开场合，想象（事实也是如此）自己正站在高台之上，面对眼前的至少 50 个人在发表演讲。这样一来你的语速自然就能降下来了。这个语速一般要比平时聊天语速慢 20% 吧。其三，尽量让语言生动活泼、风趣幽默，最好能让学生产生画面感。如果实在做不到，那么你说几句方言，像东北话或天津话，在关键时刻尝试一下，可能会有不错的效果。

第二项基本功：教态表现能力

口语表达需要教态表现相配合才能如虎添翼，更好地让语言发挥威力，为课堂教学增光添彩。这里的教态表现能力，至少包括表情管理、情绪管理和肢体表现力的管理三个方面。其一，表情管理。如果一副事不关己、高高挂起的表情，或者眼睛一直盯着天花板或者窗外，偶尔瞄一下班里的学生，这讲课的效果简直无法直视。相信你一定在这样的课堂听过课，不多说了。其二，情绪管理。好老师和好演员是相通的，至少在控制情绪方面是这样的。课程需要我们有怎样的情绪，我们就有怎样的情绪。刚得知自己中了国家社科基金项目，但正在讲黑奴贸易的你就得悲伤加愤怒。其三，肢体表现力管理。比如身体前倾，双脚与肩同宽站立，双肩等高并且面向学生，没有手势的时候双手在下腹交叉，有手势的时候把小臂的幅度控制在腰部以上头部以下，等等。更多介绍可以参考演讲的仪态，网上一搜就能查到很多内容。

对了，我还要告诉你一个秘密，电台播音员在播音的时候，是有表情的，是带着情绪的，甚至是要手舞足蹈的。为什么？虽然听众只能听到声音，但没有这些对于表情、情绪和肢体表现力的管理，就没有那么吸引你的声音。

第三项基本功：结构化思维能力

"好课"的一个共性特征是结构化，这一特征和好的演讲、好的故事甚至好的电影如出一辙。因此，需要通过精心的课前设计与课中管理，把我们讲的课以结构化的方式呈现在学生的面前。为了做到这一点，结构化思维能力就必不可少。

具体而言，比如我们要在每次课开始时用两分钟的时间复习旧课，提示重点。然后介绍本次课要学习的内容、学习的形式以及需要注意的事项，然后开始具体授课内容。在讲授内容结束之后或者中间穿插讨论与提问环节，最后在下课之前再做个简短总结，提示重点，布置课后需要思考和完成的任务。这样做的好处在于让学生明确知道这节课要干什么、怎么干以及课下需要干什么、为什么。复习旧课—导入新课—讲授新课—互动与答疑—布置课后任务，这种结构化的呈现方式会让课程教学井井有条、明明白白。在讲解具体概念、知识点和理论的时候，也要给学生提供"就此问题，我要讲三点。第一，……；第二，……；第三，……总之，……"这类结构化的"抓手"，让学生能够跟上节奏。

不要以为只有中小学教师才需要课堂教学的组织。教学内容越是复杂，教学面对的群体越是丰富多样，就越需要我们做教师的具备结构化思维能力。

第四项基本功：运用教辅工具能力

近年来，现代化的教学辅助工具与手段已经越来越受到高校的青睐。最简单的例子，多媒体教室基本是大学课堂的标配了，更不要说还有什么支持多屏互动的触屏液晶显示器、各类专业实训/模拟工作室、多中心头脑风暴创意室了。对此，我的观点是我们一定要跟得上潮流，了解这些教学辅助工具与手段的应用场景，并且做到能够熟练运用。

试想，一个抱着保温杯，保温杯里泡着枸杞的中年教授慢条斯理地走进教室，弄了5分钟也无法启动多媒体设备，然后坐在前排的"学霸"张三看不过去，5秒钟解决问题。如果你是坐在教室里上课的学生,你会做何感想?

当然了,会用这些新鲜玩意并不等于我们就一定要用、每节课都用,这个要服务于课堂教学的实际需要。我倒是觉得你要能写出一手漂亮的粉笔字或记号笔字,有那种徒手画圆、徒手画地图的能力,这强大的原生态"教辅能力"一定会让你的课大放异彩、精彩纷呈。

第五项基本功:课堂组织管理能力

是的,你没看错,大学的课堂也是需要组织管理的,甚至更需要。想想看,能考上大学的学生至少在课堂里摸爬滚打了12年,没点本事或者稍不留神,这课堂的主导权可就被学生们给抢走了。这一点在那些多个专业、动辄几百人的阶梯教室上的课程里,表现就更明显。这时候,如果作为授课教师的我们"刷不到存在感",这课也就别想讲好了,完全没效果。

因此,想要讲好课,还需要具备课堂组织管理能力。强大的主场感,卓越的控场能力,再带上点"人来疯"的气质,都是课堂组织管理能力的表现。拿我来讲,小到7个人坐在一起上课的博士生"公共政策前沿问题专题研究"课堂,大到能坐满整个大学生活动中心大礼堂一千多个座位的本科生"国防教育与军事训练"课堂,这么多年我也都见识过。越是"大场面",就越要具备"人来疯"气质。而课堂组织管理能力也是在这种实战之中逐渐总结经验,慢慢培养出来的。

讲好课真的很重要

当然我说了这么多，有的朋友可能会问不就是一个讲课吗，有必要下这么大的本儿？糊弄一下，达到及格线不是挺好的吗？对此，我的观点还是和之前一脉相承，主动进攻比被动防守要好，是占优策略。其实我之前也提到过，师范类的本科底子，在实习实训环节能跟上，或者是自学教育、教学、教法相关教材再去找三五好友帮忙提意见，这个及格线妥妥能够达到。但问题在于，我们要留出冗余，要主动进攻，不是达标、及格就行的。

从比较功利和实用主义的角度来看，现在很多高校对于晋升职称都有非常明确的要求，比如学生和同行评教成绩达到前二分之一或者要上 85 分，另外一旦出现教学事故就一票否决，三年之内不能评职称。所以达到教学的及格线和晋升职称的标准线之间是有点距离的，单靠满足及格线要求被动防守，标准线还是不容易达到的。我的前同事里就有科研很强大但学生评教成绩不好，五十多岁都无法晋升教授的主。

如果抛开功利主义考虑，我们还稍微有点情怀的话，那讲课环节就更不能差了。我听过很多让人昏昏欲睡的课，下面都一锅粥了，老师还在淡定地、慢条斯理地讲着课。上课这件事，我们多少还是要有点精神追求的，在你的课堂上，总有那么几个人是愿意坐在前排来听你讲课的，总有那么几次学生因你的幽默而哄堂大笑，也总有那么几次在你说下课的时候，学生们鼓起了零星的掌声……这些都是开在我们执教生涯这片偌大山坡上的美丽花朵，微风拂过，清香自来。于是我们擦掉袖子上的粉笔灰，把考勤册、U盘、教案和水壶装进背包,假装满不在乎地走出教室,内心只有一个声音:值了。

> **要点总结**
>
> 讲课是一门手艺。要想讲好课,需要具备五种基本功:①口语表达能力,包括口语化,控制好语速,让语言生动活泼、风趣幽默;②教态表现能力,包括表情管理、情绪管理和肢体表现力的管理;③结构化思维能力,包括对课堂教学流程的结构化设计和对课堂讲授内容的结构化处理;④运用教辅工具能力,即要做到对教辅工具的熟练运用,更要懂得该在什么场景中运用它们;⑤课堂组织管理能力,表现为主场感、控场能力,以及适当的"人来疯"气质。

3. 你的"优先级"决定了学生眼中的你

前面谈到的如何备好课和讲好课,更多是从我们——也就是高校教师的角度来思考这个问题的。然而,其实还有另外一个维度的问题,那就是学生。比如我们备好了课也讲好了课,可是学生"不买账"。不得不说,这种可能性也真的是会有的。这一点也让很多高校教师觉得苦恼,有一种"我本将心向明月,奈何明月照沟渠"的唏嘘和无奈。

学生"不买账"的后果

这个事情说起来还真挺严重的。往"高大上"的方面去讲，如果学生"不买账"，没有收获知识以提升认知能力的话，我们这教书育人的"育人"目标就要打一个问号了，老祖宗教导我们的"传道授业解惑"的师者本分也就打了水漂、尽付东流了，对不起祖国的培养和人民的重托；往自身发展的角度来看，如果学生"不买账"，不满意，那么学生评教成绩就不可能高，而一旦达不到晋升高一级职称的门槛，比如评教成绩单位排名前50%或者平均分不低于85分，那我们将失去参加职称评审的资格。于祖国于人民，于情于理于自己，每一位高校教师都要努力避免这类状况的出现。

这篇文章，我们就来谈谈这样一个问题，怎样让学生认可我们。我的观点已经放在文章标题里了，那就是我们的"优先级"决定了学生眼中的我们。

学生是否"买账"源自我们的优先级

所谓"优先级"，也就是价值排序，说白了就是我们认为什么事情更有用、更重要。每个人在处理不同问题时的优先级是不同的。比如，有的人以家庭为重，下了班就紧赶慢赶买菜回家做饭陪孩子写作业，单位的工作完成就成；有的人以事业为重，加起班来拼命三郎一般，对家庭就明显关心得少了；还有以朋友为重的，以金钱为重的，以爱情为重的……总之，我们为人处世的"优

"先级"体现了我们的价值观,其实也决定了我们是哪种人。

这里的重点在于,其实学生是能"品"出来我们的"优先级"的。

好了,有了这些铺垫,我们再进入高校教师的工作场景中来讨论这个问题就容易了。先说备课,再说讲课。

备课优先级:备学生 > 备教材 > 备案例 > 备互动

前面文章里说过,要想备好课,我们需要"四件套",分别是备学生、备教材、备案例、备互动。那么问题来了,你的优先级是怎样的?

比如,某位老师优先级是备教材、备案例、备互动、备学生,那基本可以认为这位老师更注重概念、理论和方法的传授,有可能照本宣科,课堂气氛恐怕也会比较沉闷;再如,某位老师优先级是备案例、备互动、备学生、备教材,那很可能这位老师更喜欢用案例去调动学生的听课兴趣,更愿意在活跃课堂气氛上下功夫,但对具体教学知识点的传授就没那么看重了,往往虎头蛇尾,雷声大、雨点小。

前一种老师的评教成绩恐怕不容易很高,原因很容易想到,太枯燥,而且学生没觉得自己的学习主体地位被尊重。后一种老师的评教成绩怎么说呢,两极分化。低年级学生评教成绩会很高,因为新鲜啊,高中三年压抑得太久了,突然发现原来这大学的课堂还能是这个样子的,有趣、有料,甚至感到很刺激;高年级学生评教成绩就不乐观了,因为毕竟见得多了,觉得这样的老师吧有点哗众取宠,上课光听故事图个热闹了,一个学期下来其实也没学到啥"干货"。

那么,怎样的优先级才更有利于我们得到稳定的好评呢?其实我推荐的优先级已经摆在"四件套"那篇文章里了,就是备学生＞备教材＞备案例＞备互动,如图4-3所示。

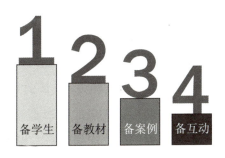

图 4-3 备课"四件套"的优先级排序

备学生,充分尊重学生的学习主体地位;备教材,"干货"得弄透彻、交付给学生;备案例,用生动形象的例子来帮助学生消化干货;备互动,通过双向的交流,让学生用讨论、发言乃至提问的方式来输出,检查自己是否吃透"干货"。这样一来,一个课程周期结束的时候,学生的获得感最强,各个方面都比较满意,评教成绩也就稳了。

讲课优先级:第一梯队＞第二梯队＞第三梯队

再来说说讲课的优先级问题。前面我们提到要想讲好课,应注意修炼五种能力,分别是口语表达能力、教态表现能力、结构化思维能力、运用教辅工具能力和课堂组织管理能力。这五种能力的"优先级"似乎没有备好课的"四件套"那么直观,但是仔细观察也能有个大致的排序。

在这其中，课堂组织管理能力发挥的是保障性的、防守性的作用，是一种兜底的能力。结构化思维能力则发挥总揽全局的作用，是一种拔高的能力。口语表达能力和教态表现能力往往结合在一起发挥作用，两者相互强化、彼此协作，共同构成了讲好课的必备能力。课堂组织管理和结构化思维能力差点的话这课很难出彩，但如果缺少了口语表达能力和教态表现能力，这课就没法上了。至于运用教辅工具能力，发挥的是辅助性的作用，相当于消防员的云梯和内科门诊大夫的听诊器。

如此一分析，五种能力的"优先级"基本也就出来了。第一梯队有一种能力，是结构化思维能力；第二梯队有三种能力，口语表达能力和教态表现能力居于核心地位，运用教辅工具能力居于从属和辅助地位；第三梯队有一种能力，是课堂组织管理能力。容易获得学生好评的"优先级"应该是如图4-4所示的，其中，第一梯队＞第二梯队＞第三梯队（特殊情况除外）。

举两个反例再来解释一下。如果某位老师的"优先级"是第三梯队、第二梯队、第一梯队，那评教成绩肯定好不了。为什么？课堂组织管理过分严格，课讲得稀松平常、云山雾罩甚至不知所云（因为缺乏结构化），这评教成绩怎么可能好？如果某位老师的"优先级"是第二梯队、第一梯队、第三梯队，那评教成绩可能不是最好的，但也不会差到哪里去。为什么？教学基本功过硬，也能看到结构化设计的痕迹，课堂组织管理方面差那么一点吧但也无伤大雅，能够忍受。不过这种"优先级"要是发生在一个几百人的阶梯教室，那恐怕就是场"灾难"了，在这种特殊情况下，课堂组织管理能力还真就不能太弱。

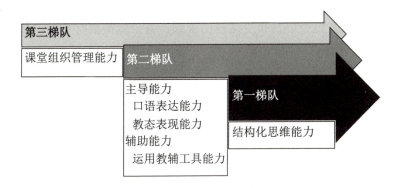

图 4-4　讲课所需五种能力的优先级排序图示

> **要点总结**
>
> 　　无论备好课还是讲好课，都不能缺少学生的视角，学生觉得好才是真的好。就备好课而言，按"备学生＞备教材＞备案例＞备互动"的顺序来安排"优先级"，学生评教成绩最容易好；就讲好课而言，按"第一梯队（结构化思维能力）＞第二梯队（口语表达能力和教态表现能力为主，运用教辅工具能力为辅）＞第三梯队（课堂组织管理能力）"的顺序来安排优先级，学生评教成绩最容易好。

4. 谁说评教成绩好的只能当讲师？

　　在高校教师的队伍里待得时间久了，会发现有些初看起来比较"反直觉"的现象大家都见怪不怪,甚至形成了某种共识。而且,这种共识还会产生神奇的"外溢效应",以至于不在这个行业里混的人也会轻易接受这样的观念,甚至觉得很有道理、极具说服力。

这篇文章,我们就来谈一个基于"反直觉"的现象而形成的观念共识:我们会发现,那些在大学里评教成绩最好的老师往往也就只是讲师而已,所以想在高校里面吃得开,真的没必要太在意教学,与其浪费大量时间精力去备课、讲课,不如赶紧去做科研、拓展资源,不说平步青云,至少不会耽误前程。问题在于,真实的情况确实如此吗?

讲师评教成绩好的真正原因

刚才这番道理,往往是某位"过来人"在酒过三巡、菜过五味之际掏心挖肺地讲给我们听的。每每这个时候,说话者的眼神总是意味深长,听话者则如梦初醒,频频点头称是,然后话题就会沿着这个思路推演开去,如此这般这般……且慢,情况真的是这样吗?

这个现象也许真的存在,但导致这个现象的原因却绝非"过来人"讲的那样。真相在于:不是那些兢兢业业备好课、讲好课,受到学生欢迎、评教成绩好的老师都评不上职称,而是那些评上教授的老师的职业成就更多体现在学术成果、科研项目及各类专利之上。再就是,由于已经晋升高级职称了,他们的评教成绩自然也就淡出了大家的视线,他们也很少再去参加青年教师教学技能大赛之类的比赛了,毕竟他们中很多人的岁数也不允许了。于是他们在教学领域的曝光率自然也就下降了。一句话,在他们的教授光环之下,评教成绩、受学生欢迎程度的这个维度在很大程度上被掩盖了。

不是教授们的教学不行,而是他们还有更行的地方。

那么,为什么会出现这种本末倒置的观念误区呢?这就要说到一个统计学上经常出现的逻辑谬误了,叫"幸存者偏差"(survivorship bias)。

幸存者偏差:别让直觉掩盖"消失的数据"

幸存者偏差是什么意思呢?这就要说到第二次世界大战时期的美国了。当时美国军方认为,应该减少战斗机装甲防护的总量,只在受攻击最多的部位增加装甲,这样飞机就可以轻一些,油耗降低,可以飞行更远的距离并且也更灵活,在作战时占据优势地位。而且,由于已经在战斗机受攻击最多的部位增加防护了,所以战斗机的生还率可以提高,战争损耗也会降低。

但是,究竟要在战斗机的哪些部位,以及增加多少装甲防护呢?美国军方并不清楚。所以,他们就找到了哥伦比亚大学的一个统计研究小组,给他们一项任务:如何加固战斗机的装甲防护,以提高它们被击中后的生还率?他们给研究小组提供了一些反映返航战斗机上弹孔分布情况的数据。数据显示,弹孔分布并不均匀,机翼上比较多,引擎上比较少。

于是,研究小组的多数成员就给出了要在机翼上增加装甲防护的结论。而小组成员亚伯拉罕·瓦尔德却给出了相反的答案，他认为，需要增加装甲的部位不在弹孔较多的地方，而在没有弹孔的地方，也就是战斗机的引擎。他的理由是这样的：战斗机各个部位被击中的概率其实是一样的，但数据显示，引擎上的弹孔比其他部位少，这说明被击中引擎的战斗机根本没机会返航。也就是说，数据都来自成功返航的战斗机，是幸存者；那些不能返航的战斗机没办法提供数据了，而这些"消失的数据"才更能说明问题。

为了说明这个道理，瓦尔德还举了一个更容易理解的例子。如果去战地医院的病房看看，就会发现四肢中弹的伤员要比胸部中弹的多，这并不意味着胸部中弹的人少，而是胸部中弹以后难以存活。

来自幸存者偏差的启示

回到我们之前的讨论，是不是就更容易发现这里的问题了？评教成绩好的老师显然并不只是讲师，这只是幸存者偏差——只不过讲师的数据更容易受到关注，更有可能被注意到。

所以，当我们再听到什么评教成绩不重要、狠抓教学有毛病之类的观点时，我们依然可以假装如梦初醒、频频点头，但心里必须得有点数。在职业发展的起步阶段我们一定要认识到教学工作的重要性，正如我之前强调过的那样：往"高大上"了说，教书育人、传道授业解惑是高校教师的本分；往自身发展的角度讲，备好课、讲好课，得到学生的好评也是我们晋升职称、向上发展的必需。

以我的经验观察，那些早早晋升职称、评上教授的人的教学水平往往并不差，我所在研究领域里至少有两位公认的顶流学者同时也是国家级教学名师。反倒是那些四五十岁的"老讲师"不思进取、得过且过的居多，不仅科研能力不行，教学水平也是乏善可陈、无可称道。

如果我们身居高校，却早早放弃了独立思考的能力，经常被"评教成绩好的老师只能当讲师"这类观点带偏了节奏，就真该好好反思一下。阻碍我们向上发展的往往不是外在的束缚，而是我们内心自设的藩篱。

要点总结

并不是评教成绩好的老师就只能当讲师，这是一种幸存者偏差。备好课、讲好课，得到学生的认可和好评是高校教师的本分，也是高校青年教师向上发展的必修课。没有最好，只有更好。不是教授们的教学不行，而是他们不但教学行，而且还有更行的地方。

5. 师德既是"面子"，也是"里子"

给文章起这么一个标题，源于我听过的一番感慨。这番感慨有点"地域黑"的意思，说的是东北人和内蒙古西部人的区别。好在发出这番感慨的我的这位朋友早年生活在东北，后来生活在内蒙古西部,所以这番感慨在很大程度上是一种自嘲,以及对于自己入乡随俗、生活观念转变的描述,倒也无可厚非。而且这番感慨的好处在于它非常形象,借用它来说明"师德"的问题重要性,特别贴切。如图 4-5 所示,我们来说说师德既是"面子"也是"里子"这回事。

图 4-5　师德既是"面子"也是"里子"

有关"面子"和"里子"的感慨

这番感慨的大致意思是说,东北人"好面子",动辄穿着几万元、十几万元、几十万元的貂皮大衣去挤公交车,请客吃饭一定要张罗一大桌子的饭菜,而且不管剩余多少,绝不打包。等酒席结束了,还会豪气冲天地把来赴宴的各路友人挨个儿打车送走,然后确定大家都走远了之后,自己步行回家。我的这位朋友说他以前的生活方式也是这样的。

后来机缘巧合他去了内蒙古西部城市工作生活,才发现当地人过的是完全相反的日子,特别不适应、不习惯。他发现这边的人更喜欢"哭穷",穿戴打扮看着都马马虎虎,请客吃饭也是尽量节俭、够吃就行,而且不管剩下多少都要打包,至少也要把没用完的餐巾纸之类的揣在兜里带走。然后我的这位朋友感慨道:

哎！还是这些人活明白了，东北人活得是个"面子"，死要面子活受罪；这些人活得是个"里子"，别看他们看起来不起眼，人家的住房面积可是一个比一个大，孩子的教育可是一个比一个好呀。言下之意是自己要向他们学习，把"里子"做好。

我觉得他学得很快。因为他的这番感慨是那天他请我吃饭的时候说的，而那天我并没能吃饱。

什么是师德？

好了，让我们回到这篇文章的主题。我觉得师德对于高校教师而言，既像是东北人的"面子"，又像是内蒙古西部人的"里子"。内外兼修、表里如一，师德才能成为高校教师的铠甲来为我们赋能，而不会是软肋，成为我们的短板。

先来看看究竟什么是师德。狭义的理解，师德就是一种职业道德，是教师这种职业的道德。而高校教师的师德顾名思义，也就是高校教师的职业道德。除此之外，对于师德还有广义的理解，这就比较复杂了，说的是教师的公德。这个范围就要大得多了，而且师德也比一般意义上的社会公德更为严苛。从范围上讲，广义师德覆盖了社会公德的方方面面，边界与社会公德完美重叠；从要求上看，广义师德要明显比一般社会公德更为严苛，毕竟是"为人师表"的人嘛。而高校教师作为教师之一种，广义师德的要求恐怕要比中小学教师高上几个数量级的，而且没有上限。为什么会这样？如果说大学培养的是"国之栋梁"的话，那高校教师就是培养国之栋梁的人，都培养国之栋梁了，这是得有多深厚的学养和道德境界？再者说了，大学之大，不在大楼之大而在大师之大也。这就要求高校教师不仅要成为思想和学术上的大师，还得是我辈的道德楷模。

如此说来，对于高校教师的师德（广义）要求其实是没有上限的，这注定会是一趟没有终点的旅程，我们永远在路上，只有更高尚，没有最高尚。问题的另一方面也折射出社会舆论对于高校教师普遍采取一种理想主义的评价方式，对于在师德上出现问题的高校教师，零容忍，"一票否决"。于是后果就是，高校教师这个职业所要承载的道德压力远高于其他很多职业。

既然"师德"如此，我们该怎么办？

事已至此，我们该怎么办呢？明智的选择当然是立马改行，放下这本书就去写辞职申请，或者干脆就断了想成为高校教师的念想。但如果觉得这个问题留意一下就可以，不会阻止我们奋进的脚步；或者觉得改行成本太高，还是希望留在高校教师的队伍里继续用爱发光，那么我想提醒如下几点。

第一，符合狭义职业道德层面对高校教师的底线要求。可以参考一下中组部、中宣部、中共教育部党组联合发布的《关于加强和改进高校青年教师思想政治工作的若干意见》（教党〔2013〕12号）中有关加强和改进高校青年教师思想政治工作的部署，把里面有关"师德考核档案"的内容认真学习体会。再就是学习一下教育部等七部门印发《关于加强和改进新时代师德师风建设的意见》（教师〔2019〕10号）的文件精神。这些真的就是底线要求,要真学、真懂、真去执行,守住高校教师职业行为规范的底线。

第二,符合广义师德即教师的社会公德的基本要求。先去了解一下社会公德的基本内容,然后把这个要求乘以二到三(甚至四)去严格要求自己。比如,文明礼貌、助人为乐、爱护公物、保护环境、遵纪守法这些,我们要严于律己、必须做到,还要努力做到更文明礼貌、更助人为乐、更爱护公物、更保护环境和更遵纪守法,要放大去做,敞开心胸去做,跳着踢踏舞、打着响指去做。

第三,回到这篇文章的标题,师德既是"面子"也是"里子",要做到内外兼修、表里如一。我们既要向东北人学习,做一个"能处"的人,豪气冲天且行侠仗义;也要向内蒙古西部人学习,做一个低调的人,精打细算且注重实效。内外通透了,无论是做人也好,还是当个高校教师也好,内心坦荡、表里如一、眼神清澈、内心纯净。那句"鸡汤"是怎么说的来着,"愿你出走半生,归来仍是少年"(不许笑)。想当高校教师的话,终究是要有点情怀的,对自己的道德品行没有高于常人的追求,不合适做高校教师。

要点总结

师德有狭义和广义之分。狭义的师德就是高校教师的职业道德;广义的师德则是高校教师的公德。从范围上讲,广义师德的边界与社会公德重叠;从要求上看,广义师德要比一般社会公德更为严苛。鉴于社会舆论对高校教师的师德问题普遍看重，因此，对自己的道德品行没有高于常人追求的，不合适做高校教师。

师德既是"面子"又是"里子"。内外兼修、表里如一，师德才能成为高校教师的铠甲而不是软肋，为高校青年教师的向上发展赋能而不会成为短板。

6. 好导师不会把"这届学生不行"挂嘴边

记得我在第一章"抱怨环境说明你还没准备好"的那篇文章里提到过一个有趣的现象，那就是不管在哪个单位，总是会有很多同事在抱怨，而他们抱怨最多的就是学生。那篇文章的目的是想帮助高校青年教师摆正心态，停止抱怨，更加积极主动地去面对职业环境。这篇文章呢，我们要聚焦作为导师究竟应如何看待学生的问题。因为如何看待学生，在很大程度上也就决定了我们能否当一个好导师。

我们都是导师，都要带学生

在开始讨论具体内容之前，我们得先对这篇文章乃至这一章里所提到的"导师"做一个说明。不是说当上了硕士生导师、博士生导师的那才叫导师，我们刚入职高校，当个好导师的问题离我们还很遥远，这个事情和我们无关。要知道，现在绝大多数高校实行导师负责制，本科生也都配有自己的学业指导教师，简称

"导师"。以我所在的高校为例,我们这里的本科生在大二的时候开始分配学业指导教师,而每位在岗的教师都要承担学业指导教师的工作。

以我为例,我现在是 5 名大四学生、5 名大三学生、8 名大二学生的学业指导老师,这些学生的学年论文、"双创"指导、暑期社会调研、毕业设计、毕业论文指导以及学业成绩预警的干预与督促,我都要负责。也就是说,就算我们不是硕导、博导,我们也依然会是导师。指导学生是每位在岗高校教师的分内之事。

那么问题来了,怎样当个好导师呢?我们先来解决一个如何看待学生的问题,我的观点是:好导师是不会把"这届学生不行"挂在嘴边的。

抱怨学生等于不尊重自己安身立命的基础

无论是本科生、硕士生还是博士生,每个学生都会有各种问题乃至缺点,否则他们就不需要我们来指导了。这是一个基本的事实,我们首先要做的是接受这个现实。如果每个运动员一出手就是世界冠军,那也就不需要教练了;如果每个人都轻松搞定权利义务关系,那也就不需要律师了;如果每个人都知道如何保护好自己的牙齿,不让牙齿出现各种状况,那也就不需要牙医了。教练会抱怨运动员吗?律师会抱怨客户吗?牙医会抱怨病人吗?应该也会有,但是别忘记,正是由于有了拿不到冠军的运动员、摆不平各种权利义务关系的客户和保护不好自己牙齿的病人的存在,才让教练、律师和牙医的存在变得必要,不是吗?既然我们的存在是以他们的存在为前提，那我们又为什么要抱怨他们呢？

抱怨让自己得以安身立命的基础，怎么看怎么不厚道。

抱怨学生等于承认自己"为人师"的能力欠缺

我们在抱怨"这届学生不行"的时候，其实是在说"我不行"。为什么？被业内称为"中关村第一才女"的著名产品人梁宁说过一句话：别抱怨你的团队，这是你能拥有的最好团队。把这句话里的团队换成"这届学生"，道理也是一样的。如果"这届学生"确实不能让我们满意，那我们最该做的就是反观自身，一定是我们自己出了什么问题。前段时间陪女儿看了部纪录片《真实生长》，描写的是北京十一学校的几位高中生的成长经历以及他们和老师的互动。在影片的最后，几位主人公都顺利完成了学业，考取了自己理想中的大学：北京大学、纽约电影学院和首都经济贸易大学。能在北京十一学校当个老师，和那些优秀的学生共同成长的确值得羡慕，但前提是你得证明自己确实配得上这所学校。

看清真相并不能让我们快乐，但至少可以让我们保持敬畏。

让这届学生"行"起来的行动建议

如果以上分析更多的是提供一种认知，升级观念系统，那么接下来还要谈谈该怎么行动。我想给出三点建议。

第一，做好筛选工作。只要我们有筛选的机会，那就做好筛选工作，不让"不行"的人成为我们的学生。比如，如果有师生见面会，就充分利用这次机会展示自己、观察学生；如果有学生申请做我们的硕士生、博士生，那就让对方发来一份简历和一篇自己最满意的论文；如果有可能的话，还可以选择见个面，或者有一次通话也是好的。这些都会提高我们带到"行"的学生的概率。

第二，筹划跳槽转岗。如果学生（整体而言）确实让我们痛不欲生，那就跳槽转岗去个"高大上"的平台。平台变了，所要面对的"这届学生"也就不同，"不行"的概率降低了，"行"的概率提高了。确立目标，尽快完成跳槽转岗的资本积累（科研成果、科研项目、奖项和专利等），然后华丽转身、纵身一跃。怎样跳槽转岗是另外一个话题了，我会在本书的第七章里详细介绍。

第三，相信学生能够做到。要相信学生拥有学习的能力和成长的力量，努力发现、挖掘和引导学生走上成长之旅。《即兴》一书的作者，英国"即兴戏剧之父"基思·约翰斯通在很多年前曾去拜师学画。结果那位老师告诉他，随便画就好，或者你去学学孩子，他们都会。约翰斯通不服气，和老师争辩说，如果一个孩子从来就没画过树，那他肯定是不会画的。于是老师说道：可以让孩子去观察一棵树，不行就去摸这棵树，再不行就爬这棵树，或者干脆用泥巴去塑一棵树……总之，孩子是不会失败的，孩子也不应该失败，失败的只是老师。老师要相信学生肯定能做到，而我们老师的职责，就在于找出让学生能做到的那个具体的办法，不论它是什么。

那一刻，约翰斯通突然感觉醍醐灌顶。他明白了一个道理：孩子不是没有长大的成人，成人却是已经枯萎的孩子。把成人身体里的孩子解放出来，就能释放出各种可能。这个道理变成了他此后训练即兴表演者的方法论，对于我们高校教师去指导学生而言也是一样。作为老师，我们要相信学生能够做到，能够完成各项既定任务。而我们导师需要做的，就是找出那个能让学生做到的具体办法。

> **要点总结**
>
> 给本科生、硕士生或者博士生当导师是每位在岗高校青年教师的分内之事。好导师不会把"这届学生不行"挂在嘴边。要知道，学生要是没有问题也就不需要导师了；而在我们抱怨的时候，其实只是在表明自己不称职。可以通过做好筛选工作或者跳槽转岗的方式去指导自身素质更好的学生。但无论怎样，相信学生能够做到，努力发现、挖掘和引导学生真正做到，是导师的责任。

7. 想开好组会，你得做全流程管理

前面提到过，职责所在，每位在岗的高校教师都是要当导师的。因此，当个好导师，就如同备好课、讲好课一样，都属于高校教师的必修课。以我的多年观察和亲身实践，导师当得好不好，基本取决于在每一个规定动作的完成周期里，我们能否给学生提供有针对性的、务实的指导。比如，在本科生写学年论文的时候，申报"双创"项目的时候；在硕士生、博士生撰写毕业论文开题报告的时候，撰写毕业论文的时候。而在规定动作的完成周期里，

有针对性地给学生提供有效指导的最好方式是开组会。

这篇文章,我们来谈谈如何开好组会的问题。因为组会的形式虽好,但如果缺乏必要的设计与管理,好的形式也并不必然就带来好的结果。为了能开好组会,我的建议是:做好组会的全流程闭环管理,会前定目标,会中定任务,会后重反馈,如图4-6所示。

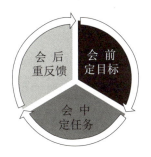

图 4-6　组会全流程管理闭环示意

第一点:会前定目标

我想首先强调的是,目标不是在开组会的时候才宣布的,而是要把这个目标前置。想想看,如果学生们得到的通知就只是来开会,于是大家就三三两两,在规定的时间从四面八方聚集在规定地点,之后面面相觑、嘘寒问暖,或者干脆天南地北侃大山。然后,导师,也就是我们,捧个泡好枸杞的保温杯隆重出场了,坐在 C 位、环顾四周然后说,"今天呀,把各位叫来呢是想了解一下大家对于毕业论文选题的思考,这不是快要开题答辩了嘛。"然后大家如梦方醒,赶紧假装思考起来。有的人没有带笔和纸,有的人本来是有个提纲的但是由于不知道这次会是要讨论这件事情的，就没把写好提纲的笔记本电脑带来。

发现问题了吧？这样的会议，弄不好就直接成了个务虚会，大家都来了一趟，却收效不大。

所以，要在开第一次组会之前的 2~3 天（视准备工作量的大小而定）就通知到每个参会学生，让大家不但明确开会的目标，还要为此做好充分准备。为了保证这一点，可以在微信群里发个公告，公告内容如下："各位，鉴于本月底要进行毕业论文开题答辩，为了解大家的选题工作进展，帮助大家确定选题，我们将在本周内进行一次时长约一个半小时的组会。请徐小丽（化名，下同）同学和大家确认下方便的时间告诉我，我去预定会议室。另外提醒各位，请围绕自己毕业论文的选题来源、学界研究现状和写作框架撰写一份不少于 1000 字的选题提纲来参会，没有选题提纲的不允许参会。收到请回复。"

怎么样，感觉到一些不同了吧？在开组会之前，要让所有人明确开会的目标并且做好充分的准备，这样才能让大会成为团结的大会、务实的大会、胜利的大会。

第二点：会中定任务

好了，经过"会前定目标"，现在会议如期举行了。还是拿这个毕业论文开题答辩的选题会为例。作为导师，我们可以先强调一下会议的内容和安排。比如："正如大家已经知道的那样，今天把大家叫来呀，是来了解一下各位的选题进展，帮助大家敲定选题。这样，从我的右手边开始吧，5 位同学按逆时针的顺序逐一发言吧，就谈选题来源、学界研究现状和写作框架，咱们一个一个解决。好，那徐小丽同学，你开始吧。"

然后重点来了，在逐一听取汇报、指出问题、提出建议之后，要根据每位同学的实际情况，定任务。比如："刚才各位同学的选题呢，我们逐一过了一遍，能想到的意见和建议，刚才已经都给到各位了。这次会议的最后呢，我再强调一下。徐小丽，你的选题问题不大，回去之后开题报告就可以写起来了。徐二丽，你的这个选题有点陈旧了，最好能找到一个新的视角或者应用场景，比如……，这样应该会好很多，否则就有点麻烦了。你回去之后呢，先集中精力把这个问题解决一下，遇到什么问题了咱们随时微信交流。这个问题解决了，你再去写开题报告。徐三丽，你的情况有点复杂，……总之，大家回去以后呢各自加油，预计在隔周的周三，也就是给大家 11 天的时间来完成开题报告的写作，到时候咱们再过一下开题报告的内容，基本就差不多了。"

组会在完成本次会议的目标和内容之后，还要安排工作任务及时间节点，这样来组织，往往事半功倍，能取得不错的效果。如果想让组会更具人文气息，更能有一些团队的氛围，更希望给学生们留一个"老师人不错"的印象，可以把开组会的地点定在学校附近的星巴克，或者让每个同学选一种瑞幸咖啡的饮品然后带到组会现场。如果赶上午饭或晚饭的时段，还可以干脆订个送餐盒饭。当然，这么做也是有代价的，那就是费用一定要我们来出。

第三点：会后重反馈

不管本次组会之后是否还有后续会议，都一定记得要对会后的反馈环节进行管理，以此最大程度地捍卫和扩大会议成果。比如，在组会中给每位学生布置下去的任务，如果学生没有在规定的时间节点联系我们，我们就要主动去了解进展、督促执行。尤其是那些问题比较严重的，我们更要尽到提醒和指导的义务，尽量不让他们掉队。想想前一篇文章提到的观点，要相信学生能够做到，努力发现、挖掘和引导学生真正做到，这是导师的责任。

做好上面介绍的这些内容之后，不一定能保证组会达到最好的效果，但至少这会是一个合格的组会，它既没有浪费导师和学生们的时间、精力，也实实在在地给学生提供了应有的指导和帮助。

> **要点总结**
>
> 导师当得好不好，取决于在每一个规定动作的完成周期里，导师能否给学生提供有针对性的、务实的指导。开组会是提供这种指导的最好方式。为了开好组会，需要做到全流程管理。会前定目标，会中定任务，会后重反馈，容易让组会发挥应有作用，达到预期效果。

8. 带好团队，需要五项领导力

很多人选择高校教师职业的初衷是因为不喜欢机关单位和大

型国企，觉得不适应那里的氛围。然而真相却是，除了获得融资走上快速扩张道路之前的创业公司里的合伙人、身居中心－边缘结构组织网络中的一线员工（比如快递小哥、送餐骑手或网约车司机）、零售商贩和各类自由职业者，我们更多从业者其实都是置身在一个科层制的体系之内的，而只要涉及人与人之间的利益关系，就存在竞争。

大学也不是世外净土

高校绝非一方世外净土，任何有关大学的不切实际的幻想都会成为阻碍我们的向上发展的拦路虎。高校教师的真实生存环境其实是这样的：在一个典型的，甚至有些传统的科层制环境里，被各种以年度或者学期为周期的绩效考核指标重重包围，而我们的向上发展既有赖于绩效考核的成绩，也依托于我们对科层制环境的适应程度。比较而言，越是一线城市、高水平大学，绩效考核成绩越与我们向上发展呈正相关关系；而越是十八线城市、地方学院，科层制环境的适应程度越与我们向上发展呈正相关关系。

所以，我想提醒每一位想要入职高校的青年朋友，越早抛开那些有关大学的象牙塔式幻想，这对我们就越有利。

改用罗曼·罗兰的那句名言：这世界上只有一种真正的英雄主义，那就是在看清了大学的真相之后，依然选择进入大学。入职高校，不是让我们放飞自我，尽情释放我们真实而感性的那一面；恰恰相反，我们要横刀立马、披挂上阵，因为我们要进入的并不是什么温柔乡。

你对领导力的理解可能是错的

好,有了这样一个认知起点,让我们回到这篇文章的核心话题:想要带好团队,我们需要修炼五项领导力。看到"领导力"这一词恐怕又要让很多人不开心了:本来嘛,大学是个名利场的事实已经很让人不爽,我一个一线教师你还跟我扯什么领导力,我又不想当领导。且慢,打住,领导力并不是要我们去当领导,而只是能顺利完成本职工作。不是想当领导的人才需要领导力,只要我们希望顺利完成本职工作,比如带团队,那就需要领导力。因为领导力的一个最通俗的定义就是——带领团队完成既定目标的能力。

因此,再怎么无欲无求的高校教师,只要我们还有职业抱负,还希望向上发展,都需要拥有这种带领团队完成既定目标的能力。退一步讲,领导力又不会耽误我们的发展,现在不想要的,不等于以后不想要、一直不想要。技不压身,宁复杂、莫简单,刚好我们也需要指导学生、带团队,所以真的没必要纠结,赶紧实实在在练起来。

修炼五项领导力才能带好团队

概括起来,如图 4-7 所示,要想带好团队,需要修炼五项领导力。

第一,制定目标的能力。既然带领团队完成既定目标的能力就是领导力,那么制定目标就显得非常重要了。对此的一个基本

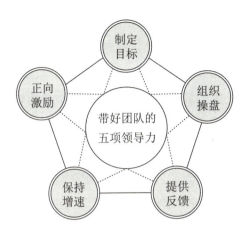

图 4-7 带好团队需要修炼的五项领导力

配置是把完成规定动作作为目标,比如前面那篇文章里提到的指导团队成员顺利通过毕业论文开题答辩。此外,如果所在高校对在读硕士生、博士生有公开发表期刊论文(俗称"小论文")的要求,那么指导他们发表小论文也可以作为目标;对于那些既有兴趣又有潜力的同学,还可以把"提升科研能力""完成学术训练""查阅外文专业文献"等相对抽象的任务作为目标。不过这里需要强调,如果我们真的这样做了,那就一定要把这些抽象任务具体化,比如三个月时间读完 10 篇由我们指定的外文专业文献之类的。

第二,组织操盘的能力。制定好目标之后,接下来的任务就是怎样实现目标了。这里的组织操盘能力也就是制订计划并实施,然后根据计划的实际执行情况来进行动态调整和完善的能力。我曾带领自己的硕士生、博士生(一共 7 位女孩,我叫她们"七仙女")一起朝着发表"小论文"的目标发起了冲击,我先是设计了一份项目计划书,把项目研究的内容分解成十几篇论文的选题,对每个选题列出二级写作提纲,然后在整体介绍这个项目的研究背景、价值、内容、方法和目标之后,让大家根据自己的兴趣来认领选题,原则上硕士生一篇、博士生两篇。那个学期我们按每两周开一次组会的频率来推进写作任务,这些论文陆续发表了,效果还算不错。

第三,提供反馈的能力。有了目标,制订并实施了计划,接下来就是要及时而且准确地提供反馈了。还是拿上面这个由我发起的"团伙写作任务"为例,每次开会的时候,团队成员都要把自己的写作成果打印 8 份("七仙女"加上我)带过来,发到每个人的手里。然后大家逐一发言,介绍自己过去这段时间的写作进展、遇到的困难和问题之类的,之后大家集思广益,提供修改意见和建议。我非常鼓励大家相互提意见和建议,最后我也会给出我的意见和建议。等论文初稿完成之后,我还会给出书面的批注意见,帮助硕士生、博士生进一步打磨和完善论文,提高论文质量。及时而准确的反馈会让硕士生、博士生少走弯路,提高效率。而在这个过程中,他们的论文写作能力也得到了培养和训练。

第四,保持增速的能力。作为带团队的导师,我们还必须拥有保持增速的能力。什么意思呢?就是说,我们在指导学生完成规定动作的时候,必须让自己真正成为这个领域的行家里手,成为拥有相应知识储备和丰富经验的专家。道理其实很简单,没有什么比不专业、不靠谱、外行指导内行更能损害我们的领导力的了。而一旦这样的情况发生,其实我们也就没有必要带团队、做导师了,因为我们已经失去承担这项职责的能力。这样的导师不但很难指导学生完成规定动作，失去学生的尊重，甚至还有遭到学生集体投诉的风险。持续学习，不断进步，让自己在指导学生的这个细分领域之中拥有稳定的势能，让自己成为这个中心—边缘结构之中最有实力、不可替代并始终保持成长增速的那个人。

第五，正向激励的能力。这个内容很好理解，一个优秀的导师懂得怎样激励团队中的每位成员。整体而言，物质激励不如精神激励，或者说应以精神激励为主、物质激励为辅。社会心理学家做过很多测试，结果表明，一个为着自己坚信的意义而去工作的人，要远比一个仅仅是为了钱而工作的人更有激情，绩效也更好。此外，具体而及时的表扬要比笼统而滞后的表扬更能激励团队成员。比如，如果有学生的"小论文"发表在核心期刊上了，我们在得知消息的第一时间就要在团队微信群里宣布这个好消息，然后指出在这篇论文写作的过程中，这位同学做得好的地方，然后号召大家向这位同学学习。等下次开组会的时候也可以再次正式地表达自己的赞扬。比较差的做法是学生的论文已经发表半年了才想起来，然后随口说句"挺好"。关于怎样激励他人的书和资料都非常多了，感兴趣的话可以随便翻看一下，道理都差不多，选择适合的来运用就好。

管理大师彼得·德鲁克说过这样一句话："领导力不是头衔、特权、职位或者金钱，领导力是责任。"这种责任，说的是要承担解决问题的责任，是一个人要带领一群人去解决问题。作为导师，我们要指导团队中的每位成员去完成他们的规定动作，引导他们完成学业、顺利毕业。

> **要点总结**
>
> 高校并非世外净土，这里既有一般机关单位的一些弊端，也有非常严格的业绩考核要求，更有部门之间、成员之间的利益冲突。领导力是带领团队完成既定目标的能力。作为高校教师，带团队是一种职责，拥有领导力是完成这一职责的必需品。要想带好团队，需要修炼五项能力，分别是制定目标的能力、组织操盘的能力、提供反馈的能力、保持增速的能力和正向激励的能力。

Chapter 5
第五章

发论文、拿项目，其实很简单

　　科研工作是高校教师的本职工作之一，科研成果的数量和质量会对高校青年教师的向上发展产生决定性影响。要想做好科研，首先要明白什么是"问题意识"，因为全部科研工作都建立在它的基础之上。发论文、拿项目，则构成了科研成果最主要的两种形式。本章从问题意识出发，谈谈应该怎样发论文、拿项目。

1. 问题意识是科研工作的起点

如果我们初入科研工作领域，无论是考取了硕士、博士，还是投稿了一篇论文或者提交了一份科研项目申报书，在每个能够获得反馈的环节，我们听到最多的那个词往往会是——问题意识。比如，我们在硕士，尤其是博士专业必修课的课堂上会经常听到这个词；比如，当我们满怀激情、眉飞色舞地把自己对学位论文选题的思考讲给导师时，才讲了不到两分钟导师就反问了一句："那么，你的问题意识在哪里？"再如，时隔三个月，我们投出去的论文终于收到回复，然后等我们满怀期待地打开邮件，发现正文里明晃晃地写着这样一句话：很遗憾地通知您，经专家审读，认为您的作品缺乏问题意识，故不予刊用。

相信每位从事科研工作的过来人都不会对我上面列举的场景感到陌生。而我们每个人，也都是通过一次次的对"问题意识"的追问，才踏上自己的科研成长之旅。可以毫不夸张地说，问题意识是我们开启科学研究大门的钥匙，而我们能把这项事业做到什么高度，能走多远，关键看问题意识。一旦没有了问题意识，科研工作也就缺少了灵魂。那么，究竟什么是问题意识呢？这就是这篇文章想要讨论的问题。

理解"问题意识"

简单来说,"问题意识"就是我们在进入一个研究领域或者从事一项研究活动的时候所必备的,一个明确的、有着现实或者理论意义的问题。

第一,研究要源自问题。既然是要做研究,那么,首先要回答的就是这项研究的"起心动念"是什么?要通过这项研究去探索或尝试解决/回应一个怎样的问题?对,这就是问题意识。被质疑这一点的(比如上面我提到的例子),严格来说都不是真正意义上的研究。

第二,问题要足够明确。如果一项研究可以用一个非常明确的问题加以概括,那么这项研究的问题意识就是合格乃至优秀的。比如,社会学大师涂尔干的经典著作《自杀论》的问题意识在于:导致一个社会动荡不安的原因究竟是什么?然后,涂尔干从自杀这一社会现象出发,抽丝剥茧、层层深入,揭示这一现象背后的时代背景和社会环境,最后得出失范(anomie)是导致社会动荡不安的真正原因的结论。对于"问题是什么"的回答含糊不清、模棱两可的,那就说明问题意识还不够强,需要提炼,否则很难支撑一项研究的顺利开展,也很难取得真正的研究成果。

第三,问题要有现实或理论意义。换句话说,缺乏这两类意义之一种的问题就算拥有了"问题"的形式,但也进入不了研究的范畴。比如,"究竟是先有鸡还是先有蛋"从形式上看这是个"问题",符合问题的表述方式,但这是一个互为因果关系的时序困境问题,不是现实问题,也不是理论问题,所以并不能进入严肃的科学研究领域。再如,那道"经典"的题"我和你妈同时掉水里了,你先救谁?"从形式上看也没毛病,是个"问题",但显然这是一道"虐心题",根本无法进入研究领域。

马克思和亨廷顿的"问题意识"

为了更好地理解什么是问题意识,让我们再来举个例子说明一下。

在我们遇到不公正对待,或者看到周遭乱象丛生的时候,恐怕都会发出一声灵魂呐喊:这个世界为什么如此不和谐?然后,如果我们就此放弃,认为再怎么努力也没用,这世界就这样了,那就滑向了失败主义,成为失败主义者;如果我们因此彷徨迷惘,觉得一切都需要被质疑,那就滑向了怀疑主义,成为怀疑主义者;如果我们因此就否定了奋斗的意义,认为人生就像希腊神话中推石头上山的西西弗斯那样只是痛苦的轮回,那就滑向了虚无主义,成为虚无主义者;而如果我们就此"顿悟",认为看清了世界的真相,就是要不择手段让自己获利最多,那就滑向了功利主义,成为功利主义者。

以上观点及其派生出来的价值观,都是基于问题意识的内化而形成的内心信念,问题意识是有的,但并没有引领科学研究。与此不同,科学研究是外在探索的过程,是要经过客观的、严密的逻辑推演、学理分析或实验证明而形成科学结论。

比如,卡尔·马克思基于"这个世界为什么如此不和谐"的问题,经过分析认为,由于社会日益分裂成资产阶级和无产阶级,阶级矛盾不可调和，因此这个世界就不和谐。那么，怎样才能让这世界和谐呢？马克思给出的答案是：消灭阶级。具体做法就是建立无产阶级政党，在政党领导下发动革命，推翻资产阶级的统治，人类最终进入无阶级差别、社会财富极大丰富、人人实现自由全面发展的共产主义社会。发现了吧？这就是基于问题意识而进行的研究，马克思基于这一研究而建立了科学社会主义的理论大厦，也成为 19 世纪以来最伟大的社会科学家之一。

再如，当代美国政治学家、哈佛大学的教授塞缪尔·亨廷顿也是从这一问题出发，但做出了完全不同的回答。他认为，这个世界不和谐的原因在于"文明的冲突"。由于这个社会存在着不同的文明，不同文明之间有矛盾、对立和冲突，于是这个世界就不和谐了。那么，怎样才能让这世界和谐呢？亨廷顿给出的答案是把全世界的文明变成一个文明，这样就不存在不同文明之间的冲突了，世界就和谐了。亨廷顿的观点至今饱受质疑也充满争论，但无可否认，他为我们解决"这个世界为什么如此不和谐"的问题提供了一个观察视角。

提高问题意识的两种方法

问题意识如此重要，要如何提高自己的问题意识呢？我想给出两种方法。

第一种方法，是培养批判性阅读的习惯。在阅读专业必读书目和学术文献的时候，不断问自己这样一个问题：我正在读的这本书、这篇论文想解决怎样的现实/理论问题？没有这个问题作为指引的阅读可能会丰富我们的知识储备，但很难培养问题意识。也就是说，我们不仅要读文献里的内容，也就是"what"，还要继续读出文献里的"how"和"why"，这样才能在常规的文献阅读中培养自己的问题意识。而这种阅读的方式，就叫作批判性阅读。

第二种方法，是培养批判性思维的能力。这种思维能力要求我们不断检验和评判自己的思考，也就是对自己的思考进行再思考，从而提高思考的质量。这种批判思维能力可以追溯到古希腊的哲学家苏格拉底那里。苏格拉底很少发表长篇大论，而是通过不断提问来让对方发现自己观点里的矛盾和问题，从而引导对方进行深入思考，达成真理性认知。苏格拉底因此而被称为"真理的助产士"，我们也可以向他学习，自己做自己思考的助产士。

批判性思维，不是要求你从一开始就建立完备的思考过程去推导出完美的结论，而是自己当自己的苏格拉底，带着问题意识，面对一个结论去倒推，用一套环环相扣的关键问题，去检验这个结论是否立得住。

要点总结

"问题意识"是进入研究领域或从事研究活动时所必备的，一个明确的、有着现实或理论意义的问题。它的要点在于：①研究要源自问题；②问题要足够明确；③问题要有现实或理论意义。经由问题意识的内化而形成内心信念价值观的过程并不是研究，研究是一种外在的探索过程，是要经过客观的、严密的逻辑推演、学理分析或实验证明而形成科学结论。

培养批判性阅读习惯和批判性思维能力，是提高问题意识的好方法。

2. 论文选题有八种思路，总有一款适合你

对于一篇论文而言，选题有多重要？这么说吧，一篇论文纵有千般坏，只要有一种好，它就始终有机会发表在高级别期刊上，这种好叫作选题好；同样的，一篇论文纵有千般好，只要有一处坏，它就可能永远留在你的电脑硬盘里，变成"抽屉文学"，这种坏叫作选题坏。这篇文章，我们一起谈谈如何确定论文选题的问题。我想给出八种思路。

第一种：从个人兴趣出发找选题

我们都知道兴趣对于一种新的探索或尝试的重要性。兴趣是最好的老师，事实上，兴趣往往会在一件事情的起步阶段发挥巨大作用。因此，在尝试写一篇新的论文，或者是站在了论文写作"马拉松"比赛的起点时，选择那些让我们感兴趣的问题作为选题是个非常好的开始。兴趣会减少内心和外在的各种摩擦力，指引我们快速行动起来，毕竟写论文不像写情书那样令人兴奋，有了兴趣作为调剂，至少我们的写作过程能好过点。这个道理比较简单，不多赘述。

第二种：从关注问题出发找选题

我们一直关注的问题，往往也是我们最为了解、掌握最多信息的问题。由于一直在关注，所以我们知道这个问题是什么时候出现的，在怎样的背景之下出现的；出现之后，又朝着怎样的方向发展，目前已经到了一个怎样的程度；这个问题会以怎样的方式被解决，会在多长的周期里解决。对于这类问题，你有自己的思考并且形成了系统的观点。发现了吧，这简直就是为我们量身定制的论文选题啊！现在要做的只是把以上内容用符合学术论文的规范要求，用学理化的文字表达出来而已，我们一定能做到。

第三种：从专业方向入手找选题

能够成为一名光荣的高校教师，我们一定有自己的专业方向，并且已经在这个专业方向上进行至少 3 年（博士阶段）乃至 11 年（本科＋硕士＋博士）的学习和积累。现在，当我们需要进行论文选题的时候，这个专业方向自然就成为支撑我们进行专业写作的最优支点。所以，从专业方向入手寻找论文选题，是非常靠谱的选择。

第四种：从研究经历入手找选题

延续前面的讨论，当我们在自己的专业方向深耕了至少 3 年乃至 11 年，这期间一定会有很多研究经历。比如本科阶段我们的学年论文和毕业设计，硕士阶段发表的"小论文"以及通过答辩的毕业论文，博士阶段申报的科研创新支持计划项目、作为导师研究团队的一员而开展的田野调查或统计数据量化分析，以及协助导师完成的研究报告等。这些都是我们的研究经历。这些经历都是"富矿"，我们也都是"家里有矿"的人，现在要做的只是把这个"富矿"有计划、有组织地开采出来。

第五种：从文献的泛读中找选题

写论文肯定是需要阅读专业文献的，相信经过硕士和博士阶段学术训练的每个人对此都不陌生。而通过专业文献的广泛阅读，容易激发选题的灵感，获得选题的思路。这有点像我们在高考的时候做的那些选择题，如果只给题干让我们写答案，那难度比较大，但如果是让我们从备选的多个答案里选择一个，事情就会变得比较简单。泛读的价值有点类似于这种备选答案，看看别人都发表了什么选题的论文，有助于我们设计自己的论文选题。

第六种：从文献的精读中找选题

阅读专业文献的方式除了泛读之外，还有精读。运用前面"问题意识"那篇文章里提到的批判性阅读方式来精读，容易形成自己论文的选题。这里需要提醒的是，不是所有的专业文献都值得精读，要进行必要的筛选。哪怕这种筛选会导致我们遗漏一些高质量文献，也总比读了一大堆没有价值的文献要好。从我的个人经验来讲,"水文"会占用宝贵的时间、精力却很难助力我们找到选题,就算找到了也很可能是个"水选题",这样的选题与其勉为其难下笔去写,不如直接放弃。

第七种:从期刊数据检索找选题

以上六种思路可以用来激发选题灵感,但却很难保证选题的质量。这个时候就需要从学术文献数据库里进行期刊论文的发文检索。以中国知网为例,通过点击"高级检索"—"学术期刊"—"篇名",在"篇名"检索框输入选题关键词,来源类别选中"北大核心"+"CSSCI",点击"检索",就可以了解到国内学界在选题关键词领域的发文情况。这项工作一方面可以帮我们评估选题的研究现状、写作难度和选题价值;另一方面可以进一步激发我们的灵感,看看相关高质量的学术论文都是怎样设计选题的。既要参考设计思路,还要避开内容雷同。

第八种:从期刊发文偏好找选题

还是以中国知网为例。这次我们点击"出版物检索",选中"期刊导航",在"期刊(曾用刊名)"后面的检索框里,输入自己最想把论文发表在它上面的那个期刊名称,点击"出版物来源检索",就能找到这个期刊。之后,点击这个期刊的链接就能进入期刊主页,这个期刊的发文年期和目录就映入眼帘了。通过这种操作可以了解到期刊的发文偏好,从而围绕"它喜欢发什么"

来构思自己的选题。

然后,用自己擅长的方式,去写符合这个期刊发文偏好的文章。

通过综合运用以上多种思路,进行多次比对和反复权衡,基本就可以锁定那个最适合我们,同时也最容易被期刊采用的论文选题了。

要点总结

选题对于论文质量而言至关重要,一个好的选题会让论文写作事半功倍、如虎添翼。寻找选题,可以从如下八个方面进行努力:从个人兴趣出发找选题;从关注问题出发找选题;从专业方向入手找选题;从研究经历入手找选题;从文献的泛读中找选题,从文献的精读中找选题;从期刊数据检索找选题;从期刊发文偏好找选题。

3. 论文框架搭建的三个基础模型

确定一篇论文的选题之后,接下来要思考的就是"这篇论文该以怎样的框架结构来呈现"的问题。好的论文选题要通过与其相匹配的论文框架结构来加以呈现,才能事半功倍。这篇文章,我想提供搭建论文框架结构的三个最为基础的模型,帮你理解论文框架搭建的底层逻辑,做到举一反三、灵活运用。

所谓论文的框架结构,也就是一篇论文的正文以怎样的结构来搭建写作框架,以此谋篇布局。在我看来,如图5-1所示,论文框架搭建有 3 个基础模型，分别是"合分合"模型、"三段式"模型与"平行论"模型，其中的"三段式"模型又可以细分成三种不同的结构。下面我们一个一个来看。

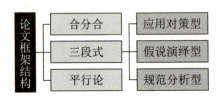

图 5-1　搭建论文写作框架的三个基础模型

第一种："合分合"模型

《三国演义》的开篇第一句话是"话说天下大势，分久必合，合久必分"。这里的"合"是统一的意思，"分"是分裂的意思，"合分合"模型中的"合"与"分"，说的就是一篇论文采用先"合"再"分"最后再"合"的谋篇布局方式。

以"合分合"模型来设计写作框架的论文，会在开篇时直接进入"合"的部分，一般是做个统一的说明或描述，呈现一种现象，提出一个问题，介绍一类观点，等等。然后，论文就进入到"分"的部分，对前面的这个现象、问题或者观点从不同层面和维度进行论证。在这些不同的层面和维度，论文往往会提出一系列或并列或递进的分论点，然后就这些分论点逐一展开讨论。最后就到了论文的结尾"合"的部分，整体回顾一下论文的研究议题，对"分"的研究结论进行总结，也可以包括对这项研究前景的整体展望，论文结束。

"合分合"模型适用的论文选题还是比较多的。简单来讲，排除更加适合"三段式"模型与"平行论"模型的选题之外，其他选题都可以尝试应用这个模型。当然你可能会认为这是废话，而我之所以会强调这一点是因为，另外两种模型适用选题的识别度比较高。如果把另外两种模型称为专属模型的话，"合分合"模型则可以称为通约模型。

第二种："三段式"模型

"三段式"模型顾名思义，就是可以把论文的正文以或明显或隐含的"三段论"结构来进行谋篇布局。具体而言，"三段式"模型还可以细分为如下三种类型。

第一，应用对策型"三段式"，发现问题＋分析原因＋提出对策。这种类型的"三段式"比较常见，先是在论文的开头"发现问题"，把这个问题做个描述。接下来，论文就进入"分析原因"的环节，要对导致这个问题的原因进行分析，努力找到症结之所在。然后论文就进入"提出对策"的环节，给出怎样解决问题的对策和建议。比如，"我国机构养老发展的困境与对策""美丽乡村建设：现状与对策""中国食品安全：问题、成因、对策"等等，都是适用这种类型的论文选题。

第二，假说演绎型"三段式"，提出假设＋进行验证或实验＋证实或证伪。可以把这种"三段式"类型视为科学实验中"假说演绎法"的五个步骤或七个环节的基础简化版。这种"三段式"类型在应用心理学、临床医学、公共管理、社会工作等学科／专业方向被广泛使用，先是基于某个问题或者观察而"提出假设"，然后"进行验证或实验"，通过实验/调查/田野工作的设计和实施来获取数据或资料，最后对这些数据资料进行量化与质性相结合的分析，"证实或证伪"假设。比如，"学习任务能影响词汇附带习得吗？""电子网络会倾倒会计大厦吗？""关于制度变迁的三个假说及其验证"等等，都是适用这种类型的论文选题。

第三，规范分析型"三段式"，是什么＋为什么＋怎么办。这种类型的"三段式"一般适用于理论问题或思辨问题的研究，侧重学理性的分析和阐释。这里的"是什么"通常是去定义一个概念或议题，然后分析原因，回答"为什么"如此定义这个概念或议题，最后做出一种"怎么办"的延伸，说明既然这个概念或议题是这个样子的，那么我们在运用这个概念、讨论这个议题的时候应该怎么办。比如，"论核心素养的内涵""关于'通识教育'概念内涵的讨论""隐私权概念的再界定"等等，都是适用这种类型的论文选题。

第三种："平行论"模型

"平行宇宙"这个词这些年随着影视剧的传播而从一个理论天文学的前沿理论进入公众视野，它的意思简单来讲也就是存在多个彼此平行、相互独立的宇宙。我们这里说的"平行论"模型也是这种彼此平行、相互独立的状态，只不过它的主体不是宇宙，而是构成论文的每个板块。

以"平行论"模型来设计写作框架的论文，一般是以论文标题呈现出来的研究议题为中心,从彼此平行的多个板块来对这一研究议题加以论证或者阐析。处于平行关系之中的每个板块都能自成一体,同时又是支撑研究议题的必要组成部分。这么说有点抽象,我举几个例子就容易理解了。比如这样一个题目"当前我国物流理论研究的十大热点",再如这个题目"城市化发展需正视的八个问题",还有类似这种的"关于收入分配问题的若干讨论"……怎么样,找到点感觉了吧?

以上就是我对论文该以怎样的框架结构加以呈现的回答。需要提示的是,这里的模型划分与特征描述都是非常粗放和理想化的,只是为了呈现论文谋篇布局"万花筒"的底层逻辑而不得不进行的简化。正如这个世界没有两片相同的叶子和雪花那样,具体到每篇论文的框架结构设计问题上,我们既要拥有基于基础模型的结构化思维,同时也懂得在结构化思维的引领之下活学活用,具体问题具体分析,这才是真正的高手。

要点总结

论文的框架结构也就是一篇论文以怎样的结构来搭建写作框架,谋篇布局。"合分合""三段式"与"平行论"是搭建论文框架结构的三个基础模型,其中的"三段式"模型又可以细分为应用对策型(发现问题+分析原因+提出对策)、假说演绎型(提出假设+进行验证或实验+证实或证伪)和规范分析型(是什么+为什么+怎么办)三种。

既能理解搭建论文框架结构的基础模型,洞察底层逻辑,又能做到举一反三、灵活运用,是论文写作谋篇布局的进阶之道。

4. 避开正文写作中的四个误区

在前面的讨论中，我们就"这篇论文该以怎样的框架结构来呈现"的问题进行了分析，介绍了论文框架搭建的三个基础模型。然而一篇论文只有适合的写作框架还是不够的，正文内容的写作也不能马虎。这就好比一栋房屋只有四梁八柱是不行的，还得添砖加瓦、抹泥勾缝。一旦缺少正文部分缜密而严谨、环环相扣、步步深入的论述过程，论文的研究议题就被架空了，那些出现在论文摘要中的深刻洞察和研究结论就成了无本之木、无源之水。

这篇文章，我们就来看看论文的正文部分该如何写作的问题。在我看来，避开容易出现的四个认识误区，就能让论文写作在正确的道路上阔步向前了。

误区之一：字词语句不重要，没人逐字逐句细抠

其实这句话的后半句还是有点说服力的，确实没有几个人会逐字逐句地细抠我们的论文。去中国知网随便查看一下就会发现，我们的论文就算被发表，也不过只是沧海之一粟、九牛之一毛，能被读者找到就算奇迹，再奢望他们逐字逐句认真阅读那简直就是痴心妄想了。

然而这里的问题在于：逐字逐句细抠我们论文的人有一个算一个，都是重要人物。比如，期刊编辑。如果编辑在审读我们的投稿论文里发现了语句错误，第一次编辑可能会忍着，人家

有涵养，不和你计较；第二次编辑也许会出于"来都来了，算我倒霉接着看吧"的考虑继续忍着；第三次呢？第四次呢？第五六七八九次呢？当我们对编辑忍受能力的极限进行疯狂试探时，那就是在拿这篇论文的前途开玩笑。比如，外审专家。道理参考期刊编辑，不展开了。再如，专业读者。就算我们运气"爆棚"，论文终于被发表了，稍微有点学养的读者也会嫌弃它。他们会认为论文的作者非常不靠谱，期刊非常不专业，于是选择不再继续阅读我们的论文，更不会在自己的论文里引用论文的观点。

所以我的建议是：要确保完全消灭字词、语法错误，确保论文里的每句话都通顺，还要让每个段落里的句子和句子间的关系都能逻辑自洽。具体而言，要消灭错别字和标点符号错误，注意区分中英文标点符号的差别，避免出现一般知识点方面的常识性错误，正确使用"的、地、得"；每句话都多读几遍，让每句话都能读通顺，避免病句；明确每个段落的中心思想，看看构成这个段落的每句话是否都服务于这个中心思想；一个段落里的各个句子之间是假设关系、因果关系、并列关系、转折关系还是递进关系？是否做到了逻辑自洽。是的，细节决定成败，这些工作内容在投稿之前都必须搞定。

误区之二：段落太短或者太长，甚至干脆不分段

我想先问一句，认为"分段不重要"的朋友，你对得起自己的初中语文老师吗？重要的事情说三遍：段落很重要！段落很重要！段落很重要！刚才我们介绍了段落内部句子之间的关系，这

里重点说说段落与段落之间的关系。对于这个关系的把握,主要由如下两个方面的内容来构成,一个是保证段落之间要耦合,形成一个有着内在关联的有机整体;再一个是这些段落都要服从和服务于它们所属的标题和上下级标题。

一方面,段落与段落之间是有内在关联的,每个段落都要发挥自己的作用,承担自己的任务。段落之间的关系可以是层层递进、步步深入、环环相扣,也可以是"一方面,另一方面,总之""其一,其二,其三",还可以是"合分合""三段式""平行论"(有没有觉得眼熟?)……总之,是有内在关联的。同时,这些段落也在为阐明一个观点、验证一种假设、提供一种思路而共同发挥着作用,没有"滥竽充数"的段落。

另一方面,不论在一个标题的下面有几个段落,这些段落都是为着它们所归属的这个标题,以及这个标题的上下级标题(如果有的话)提供服务的。也就是说,每个段落都是完整系统中的构成要素,都是那个等待搭建成宫殿的积木块。不管这个系统是复杂还是简单,也不管这个宫殿是什么建筑风格,每个段落都待在它应该待的地方,一个段落也不多,一个段落也不少。

误区之三:写论文,就尽量把它写得晦涩难懂

这种观点当然是错的。很多学术论文不受待见,让人望而生畏,散发着一种浓重的"八股文"气息,迂腐守旧、古板教条,让人提不起精神的一个重要原因就是:它们的作者相信把论文写得晦涩难懂是对的。

这显然是一种观念上的误区。学术论文当然会有一定之规，但仔细想想，每种文体的写作，甚至每一种创造性劳动的成果，不也都有自己的规矩吗？你会因为七言绝句对于格律的严格要求而讨厌"姑苏城外寒山寺，夜半钟声到客船"这样的经典诗句吗？你会因为小说要有时间、地点、人物、事件、经过和结果这些要素而拒绝阅读《红楼梦》吗？不，不会的，我们讨厌的只是平庸，我们并不讨厌规矩。

所以，要有意识地避免晦涩难懂，我们的论文在遵守学术写作规范的同时也要兼顾可读性，尽量做到通俗易懂。通俗易懂到什么程度呢？我觉得能让本学科相同或相近专业的大四学生读得懂、读得下去，就是一个不错的标准。为了做到这一点，首先要长期不懈地持续输出，说得直白点就是不断地写写写，文字功底上来了，才能写得通俗易懂（是不是有点反直觉）；再有就是可以模仿自己最为钦佩的学者的行文风格。当然如果你钦佩的原因在于他的论文你硬是看不懂，那就算了。选择那些让你心悦诚服、拍手称快的论文去模仿，是一种捷径。

误区之四：关键是说清观点，形式外观没关系

如果这个观点是一位德高望重的前辈告诉我们的，那就一定要相信这个观点是正确的，但同时也必须意识到，这观点可能只对这位前辈正确。而如果是身边的同事同行或者朋友也这么告诉我们，说什么论文的内容重要形式无所谓，那他们不是傻，就是坏。

还是听听杨澜怎么说的吧。她说："没有人有义务透过你邋遢

的外表，去发现你优秀的内在。"现在高级别期刊的版面已经紧张到让每一位（除了德高望重的学界前辈）想在上面发表论文的人都会瞬间收起笑容的程度了，不注重论文的形式外观，后果很严重。

因此，我的建议是努力让论文的外观符合"形式美学"，用刻意的外观设计来呈现论文的学术观点之美。这种外观设计包括但不限于：对论文写作框架里每个标题下面的字数和篇幅进行预判，避免头重脚轻、虎头蛇尾情况的发生；论文里的图示和表格一定要做到清晰、简洁，风格统一；论文各级标题的表述方式以及行文风格要尽量保持一致；论文的排版和格式要严格按投稿目标期刊的要求进行编辑；等等。这样做的好处在于：它能让论文在"功能价值"之外，还能给期刊编辑、外审专家和专业读者提供一种情绪价值（还记得这个词吗），帮助论文脱颖而出获得发表，成功吸引读者的注意。

> **要点总结**
>
> 论文的写作要避开四个认识误区：①字词语句不重要，没人逐字逐句细抠正文；②段落太短或太长，甚至干脆不分段；③既然是在写论文，就尽量把它写得晦涩难懂；④关键是要说清观点，形式外观没关系。

5. 题目、摘要和关键词马虎不得

这篇文章，我们来谈谈一篇论文最重要的部分，也就是题目、摘要和关键词的写作注意事项。看到这个判断,很多人的第一反应可能是反对,怎么它们还成了最重要的部分了?说题目重要我能理解,但肯定不是最重要的啊;摘要和关键词就更是无稽之谈了,严格来说它们都不是论文的内容,而是独立于论文之外的部分啊,为什么要说它们"最重要"呢?

题目、摘要和关键词为什么最重要?

其实这里有个转换视角的问题。作为论文的作者,从作者的视角来看,我们当然知道自己更多的时间、精力消耗在哪里。那些搜肠刮肚、通宵达旦的投入,更多是用在论文写作框架的搭建和正文内容的写作之中,那可是一个字一个字、一句话一句话、一个段落一个段落慢慢积累起来的啊。一个人付出最多的那个部分,会成为自己最珍视的部分,这也是为什么很多人会对自己的初恋耿耿于怀。所以,作者更看重论文的正文,没毛病。

然而,当我们切换到读者的视角,情况就会有惊天大逆转。想想看,一篇论文被读者关注最多、最能引起他们兴趣的,是什么?读者会因为论文的题目足够吸引人而去点击这个题目,还会通过关键词检索来寻找自己需要的论文,之后还会认真阅读自己感兴趣或者认为有价值的那篇论文的摘要,再之后,才会决定是否要把这篇论文下载下来,认真阅读它的正文。怎么样,发现了吧?一旦我们从读者视角再来看待这个事情,题目、摘要和关键词的重要性就凸显出来了。事实上,期刊编辑在初选投稿过来的论文的时候,也会遵循同样的步骤。

因此，为了让论文能够发表，也为了发表之后的论文能被更多需要的读者看到，我们必须重视论文的题目、摘要和关键词。

论文题目该如何设计？

如图 5-2 所示，论文题目设计有 3 种境界，对应着不同的设计水平。

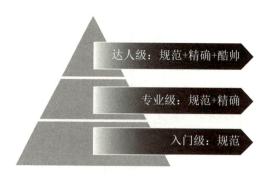

图 5-2　论文题目设计的三种境界及其要点

入门级要求：规范。这是基础性的要求，也是论文题目设计的底线。这里的规范，比如正标题（包括标点符号）一般不超过 20 个字，这是一个学界约定俗成的标准。很多期刊会在它们的"投稿须知"和"征稿启事"中做出明确说明。如果确有必要，可以加副标题。比如，要确保论文的研究议题在题目中处于主语的位置，而不能是定语，是助词，甚至是修饰词，它必须得是主语；再如，用词要规范，语句要通顺，表意要明确；符合学术惯例和学界共识，使用学理化的表述方式；等等。

专业级要求：规范＋精确。达到这种要求的论文题目，在具备规范特性的同时，还要具有高度的概括性和表意的准确性。其实论文的题目是非常考验功力的，它所要完成的工作是怎样在非常有限的字数范围之内，把论文的研究议题进行高度概括。达到这种要求的题目，只要我们一眼看过去，就知道这篇论文是要研究什么，并且对怎样研究、学科归属、分析工具这些内容有所观照。必须承认，题目设计是一个需要长期积累、循序渐进的过程，写的多了，不断思考和练习，应该可以在论文题目设计问题上有质的飞跃。

达人级要求：规范＋精确＋酷帅。所谓酷帅，也就是怎样让论文的题目更吸引人、感染人，能够激发编辑和读者的好奇心。我们都有过这样的体会，在文献数据库查阅检索结果，一个好的题目往往会让人眼前一亮，对吧？所以酷帅的要求还是值得我们去追求的，它会让论文在同类论文中脱颖而出，吸引期刊编辑、外审专家和专业读者的注意力。只是不能舍本逐末，为了酷而酷，忘记了题目的规范和精确。

论文摘要该如何写作？

论文摘要，是对一篇论文围绕研究对象而形成的主要观点与研究结论的集合展示。也就是说，一篇论文写出来了，那么，这篇论文在这项研究之中形成了哪些主要观点？得出了哪些研究结论？把这些观点和结论写在摘要里就对了。在此基础上，如果觉得确有必要，还可以再说明一下研究背景（最多一句话），指出研究方法（最多一句话）。写好摘要，要注意如下两个问题。

一方面，摘要的内容要学理化。也就是论文摘要在内容设计上应兼顾学术性和理论性。摘要内容的学理化，主要通过研究议题、学术话语和理论视角三个维度加以体现。其一，就其研究议题而言，要看摘要所呈现的议题在性质上是否算是一个"问题"，是前面我们讨论过的"问题意识"的"问题"；其二，就其学术话语而言，摘要中所使用的话语应该是典型的学术语言，它是不同学科与不同研究议题在其自身的发展演进过程之中逐渐形成的，被业内公认的概念、知识、理论、范畴、方法等等的总和；其三，就其理论视角而言，摘要中应该带有观察研究议题的理论工具，以此划定本项研究议题的站位与立场。

另一方面，摘要的形式要规范化。至于怎样做到规范化，多数期刊都有"投稿须知"或"征稿启事"，这里自然会有对论文摘要形式规范的说明。除此之外，一般性的规范要求还包括：其一，消灭错别字、标点符号错误、常识性错误，确保每句话都通顺；其二，字数一般控制在 300 字到 500 字之间，太长或者太短都是不符合规范的；其三，表述方式应尽量使用不容置疑的判断句和陈述句。正文的具体行文可以大胆假设、小心求证，语气谦恭一些，商榷着来写，但在摘要这里就不要客气，要提供一种确定性，不容商榷。

关键词该如何选取？

所谓关键词，是最能体现论文研究议题与核心问题的高频学术专有名词。关键词应该具备如下特征：其一，关键词与论文的研究议题、与论文关注的核心问题之间具有高相关性；其二，关键词在论文中出现的频率比较高，是论文中的高频词；其三，关键词一般而言，是学术专有名词。

与此相联系，选取关键词的原则也就浮出水面：高相关性、高频次性和高学理性。其一，高相关性。也就是关键词要与论文的选题、研究议题，与论文所要研究的核心问题正相关、高相关。相关系数越高，这篇文章在被学术文献数据库收录之后，被别人检索到的可能性就越大，可以增加"被看见"的机会。其二，高频次性。这意味着这个关键词在论文中出现的频次比较高，那些在论文中出现频次比较高的专有名词、学术名词，就应该是备选的论文关键词。其三，高学术性。这意味着关键词是学术专有名词，而不是日常生活中的普通词语。在关键词中呈现出来的，应该是高度专业化、学理化的那些概念、知识、理论和方法。

要点总结

必须重视论文题目、摘要和关键词的写作：①题目的撰写分为入门级、专业级和达人级三个层次。入门级要做到规范，专业级要做到规范＋精确，达人级要做到规范＋精确＋酷帅。②摘要是对一篇论文围绕研究对象而形成的主要观点与研究结论的集合展示。写好摘要，要做到内容学理化和形式规范化。③关键词是最能体现论文研究议题与核心问题的高频学术专有名词。选取关键词要做到高相关性、高频次性和高学术性。

6. 不讲究学术规范，早晚会出局

一篇文章之所以被视为学术论文，一定是它符合学术规范要求。我特别希望每位成为高校教师、从事科研工作的人能在起步阶段就早早重视这个问题，讲究学术规范，并让它成为自己进行论文写作的习惯。李连江老师有本书叫《不发表 就出局》，我倒觉得不讲究学术规范，连发表都非常困难；就算侥幸发表了，也不会是什么好期刊。而且如果没能养成讲究学术规范的习惯的话，才是真的早晚会出局。

那么，对于一篇论文而言，需要遵循的基本学术规范有哪些呢？

行文中一定要有引用或转述，并注明出处

学术论文是要和学界同行进行交流和对话的，是要在前人研究成果的基础之上提出自己的观点和主张，形成自己的研究结论。因此，缺少引用或者转述的论文，严格来讲已经不是学术论文了。事实上，很多期刊在"投稿须知"里有更为严格的要求，缺少研究综述的论文是无法进入评审流程的。

处于论文写作的起步阶段，我们应该多做引用，少做或不做转述。如果前人研究成果中的某句话可以很好地支撑我们的观点，为论文的论证服务，那么就踏踏实实、原原本本、一字不落地把这句话复制粘贴过来，放在论文的文本之中。然后，把这句话完完整整地用双引号标识出来，在双引号的结尾加上角注，在页脚

或者文末注明出处。这种引用的方式就是直接引用，简称"直引"。这是最为基础的学术训练，也是最符合学术规范的引用方式。

转述的弊端，一个是不够严谨，有时很难看出转述观点的起点和终点，引起误读；再一个是转述毕竟是需要再次加工的，能否完整准确地反映转述文献的本意，其实也是一个大问题。转述不准确的话，会有断章取义、夹带私货之嫌；长篇大段的转述，出处又标识得不够准确的话，就更是涉嫌抄袭剽窃，触碰学术伦理底线甚至直接就越界了。

确保论文能通过学术不端检测系统查重率门槛

不同期刊对于论文内容的重复率，也就是论文文字或图表与已经公开发表的其他成果重合率的容忍程度是不同的。以我的观察，这个重复率一般是在 5%~15%。这也意味着我们在投稿时要面对的一个基本事实是：只有过了"查重率"这一关，论文才有可能进入期刊的审稿流程。所以，为了确保论文能跨越这道门槛，请在不危及论文质量和学术价值的前提下，尽量降低重复率——这该算是论文投稿一个底线要求。

我当然清楚用简单粗暴的算法来判定一篇论文是否剽窃抄袭或者学术不端有太多的弊端，还记得本书前面提到的"不抱怨"原则吗？在我们有能力改变游戏规则之前，遵循规则是一个人成熟的标志。而且严格意义上对于学术不端的认定是要经过具有学术公信力的同行评议环节来认定的，不是单纯看这个算法。遵循"查重率"来行事只是表明我们尊重规则，仅此而已。

关于"查重率"的门槛,我重点提示如下几点:其一,如果一定要自查的话,我们就只选用中国知网学术不端文献检测系统。原因很简单,因为学术期刊的编辑们用的就是这个。其二,如果一定要自查的话,我建议最好是直接去中国知网的检测系统注册个人账号,按提示要求来付费和上传论文进行检测。市面上那些良莠不齐、通过各种渠道提供检测服务的商家和机构,与其合作有风险。其三,话说回来,如果我们对论文有信心,论文就是自己一个字一个字写出来的,还至于纠结这个查重率吗?

杜绝抄袭、剽窃这类有悖学术伦理的问题出现

如果有侥幸心理,总想着投机取巧、蒙混过关,那么我可以负责任地告诉你,学术圈不适合你,任何建立在契约精神之上的圈子都不适合你。这些年因为抄袭剽窃而断送自己学术生涯的中外学者有很多,学生就更是数不胜数。我们要有底线思维,要守得住底线。不能在大是大非的原则问题上,出现任何闪失。

为了避免抄袭剽窃事实的出现,其一,必须要杜绝拿来就用。别人写一句,我们就抄一句,别人论文中的资料我们拿过来直接就用,别人通过问卷调查的统计分析形成的数据,我们直接就复制粘贴在自己的论文里……这属于抄袭的最低层次,最容易"翻船"。其二,"引用观点"一定记得注明出处。引用观点其实高明很多,通过转述别人观点的方式来形成一个看似自己的观点,实质上还是别人的观点。这样做一定注意把握分寸。转述一篇论文的个别观点可以叫借鉴,注明出处问题不大,如果从同一篇论

文转述了20多个观点，就算注明出处也是赤裸裸的剽窃。其三，可以"借鉴"研究方法和分析框架。"他山之石，可以攻玉"就是夸赞这种做法的。我们应该多在这个层次上想问题、做研究、写论文。

记住，我们可以不成为教授，可以不拿到博士学位，可以不获批国家社科基金项目，但是一定要成为一个有学术伦理坚守和学术道德自律的人。

其他还需要注意的基本学术规范问题，其实我们随手翻阅一个高级别学术期刊的"投稿须知"或"征稿启事"，基本都能查到，这些都是更为细致的学术规范问题了，比如各级标题的数量和格式、参考文献是脚注还是文末注，还有字体字号行间距这类问题，这里就不再展开介绍。按照这些要求，养成良好的习惯。学术成长和科学研究是一条通向未来的发现之旅，谨慎能捕千秋蝉，小心驶得万年船。对于端这个饭碗的人，学术规范问题怎么强调都不过分。

要点总结

学术论文要符合学术规范要求，否则容易酿成大错被淘汰出局。论文要遵循的基本学术规范包括：①行文中要有引用或转述，注明引用或转述内容出处；②确保论文能通过学术不端检测系统的"查重率"门槛；③避免抄袭、剽窃这类问题的出现。此外，高级别学术期刊的"投稿须知"或"征稿启事"也能提供宝贵的参考和借鉴。

7. 要想获批科研项目，你的认知得跟上

拿项目，也就是申报各级各类科研项目并获批立项。这是高校青年教师科研工作的重要组成部分。项目的级别有高有低，经费有多有少，妄图用几千字的篇幅把"拿项目"的桩桩件件细说清楚那简直就是痴人说梦。因此，我打算抓住"拿项目"这项工作的"最大公约数"——认知与实操来向你提供参考。认知，也就是谈谈我们该如何看待"拿项目"；实操，也就是谈谈怎样填写项目申报书才更容易获批立项。认知的问题这篇文章重点讲，实操的问题下篇文章里重点谈。

那么，有关"拿项目"这件事情，有哪些基础认知呢？我谈五点。

屡败屡战、越挫越勇是科研项目申报的常态

以我的个人经历以及观察，除非才华横溢加上运气超群，否则获批立项各级各类科研项目都永远只是小概率事件。因此，我们每次的项目申报都像是一次冒险，成功系数都不会高到哪里去。所以，要做好打持久战的准备，要经得起考验，承受得住失败的打击。让我比较骄傲的是，这么多年我一直死扛下来了，承受住了一次又一次失败的打击。希望我们每位高校青年教师都能认识到一个问题：那些获批立项的人真的不是比你优秀，他们只是比你坚持得更久。

形成一个高垂直度的研究领域非常重要

我的导师有句话让我受益匪浅,这句话我在前面也提到过了,那就是"铺摊子不如深挖洞"。在一个高垂直度的研究领域之内进行精耕细作,无论是写论文、出版专著、阅读文献、参加学术会议,还是申报项目和申请各级各类科研奖项,都在这个既定的研究领域之内来做,这样成功的概率会高很多。人的时间、精力总是有限的,将它们精准投放非常重要,这样容易形成学术产出的规模优势,产生势能,占领高位。因此,找到一个适合自己的、高垂直度的研究领域,然后在这个领域精准投放自己的时间、精力,不断产出系列科研成果。三年,最多五年,我们就可以成为这个垂直领域名副其实的学界新锐。那时,获批项目只是我们在自己的学术成长林荫小路上随手采摘的几片树叶而已。

不错过任何一次科研项目申报的机会

请允许我提醒一句废话:项目是要在不断的申报中才能中标的。为什么要说这样一句废话呢?因为这些年我看到有太多人在项目申报的最后关头选择了放弃。他们会说,哎,这段时间实在太忙了,最近身体状况不太好,这个申报书写得太仓促了,总之一句话:我还没有准备好。我想告诉这类人的是:其实我们是永远没有办法准备好的。关于项目申报的一个最为基本的经验事实是:我们都是被截止日期倒逼着赶出来一个让自己痛恨的本子。其实我们一直都是被准备好了,而不是准备好了。所以我的建议是，别再纠结是否准备好的问题了，抓紧时间行动起来吧，只要自己符合申报条件，立刻就行动起来去申报。申报得多了，中标的概率自然就提高了。而且在这个过程之中，我们的写作能力也培养出来了。

科研项目申报要与学术产出同步推进

项目中标是小概率事件，而学术成长却是一个需要持之以恒、循序渐进的过程。因此，不能让某次项目申报没有中标的事件干扰到我们的学术成长大业。不能说申报项目没有中标就停下来了，等获批立项之后再去开展研究，这等于是发生了次生灾害。这个想法对我们的伤害要远远超过"没有获批立项"的事实本身。一定要记得：其实我们在学术成长领域走的每一步都算数。有了项目申报的机会就去申报，然后不管是否获批立项，该发论文发论文，该写专著写专著，千万别抱怨自己怀才不遇、生不逢时，停下来等着。我们真的耗不起，有了项目得往前走，没有项目更得往前走。事实上，现行科研体制决定了我们得拼命努力，才能留在原地。

学习经验技巧并不是保证项目中标的捷径

现在传授各类项目申报经验技巧的渠道太多了，这些经验技巧当然有用，会给我们的项目申报提供"放大效应"，但是一定要明白这个"放大效应"不是加法效应，而是乘法效应。什么意思呢？说得直白点，如果我们的科研能力是 0，那么就别奢望那些经验技巧能够帮到我们。如图 5-3 所示，我们以为科研项目获批立项的计算公式是：（能力 + 技巧）× 运气 = 耶，中标啦；而真实的计算公式却是：能力 × 技巧 + 运气 = 哦，好吧。经验技巧充其量是锦上添花，能力不行，就只能寄希望于运气了。

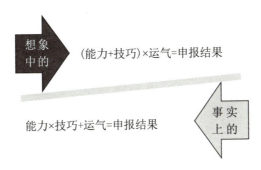

图 5-3 科研项目获批立项的计算公式

说到底，科研能力本身才是我们的硬通货，经验技巧能否提供助力，要看我们是否实实在在、踏踏实实、一步一个脚印地去提升自己的科研能力。提升科研能力才是真正的捷径，否则就都是"以为自己在进步"的安慰剂，不是真正的进步。

要点总结

想要获批立项科研项目，要形成如下基本认知：①屡败屡战、越挫越勇是科研项目申报的常态；②形成一个高垂直度的研究领域很重要；③不错过任何一次科研项目申报的机会；④项目申报要与学术产出同步推进；⑤学习经验技巧并不是项目中标的捷径。

8. 这样写项目申请书，下个中标的就是你

不管我们申请科研项目的类别是什么，支持经费的力度怎样，只要是申请科研项目，就需要填报申请书；而只要是填报申请书，也就有着大体相似甚至相同的规范要求和写作技巧。这篇文章，我将以自己比较熟悉的国家社科基金项目的申请书写作要点为例来展开讨论，因为我深深懂得，不在能力边界之外发声是知识产生者的基本操守和底线要求。

写作之前需要做哪些准备工作？

申报书不是拿到手直接铺开就闷头去写的，而是要做充分的准备工作。准备工作越充分，申报书的写作质量就越有保证。那么，需要做哪些准备工作呢？其一，深入学习领会项目申报公告精神。只有确切了解公告精神和政策导向，才更容易找到契合这种精神和导向的选题。其二，熟悉《课题指南》以及其他可以下载的附件资料。要尽量熟悉这些材料，尤其是《课题指南》本身。其三，寻求前期成果与《课题指南》的最佳结合点。梳理自己过去五年的科研成果，把这些成果纳入《课题指南》具体条目和方向性条目的范围之内去统筹设计。其四，通过项目数据库检索校验申报选题。通过检索了解拟定选题的往届立项情况，评估拟定选题的可行性和"新进展"（因为申报书里有一项是要写"相对于已立项同类课题研究的新进展"）。这项工作可以通过"国家社科基

金项目数据库"的检索来完成，检索页面如图 5-4 所示。

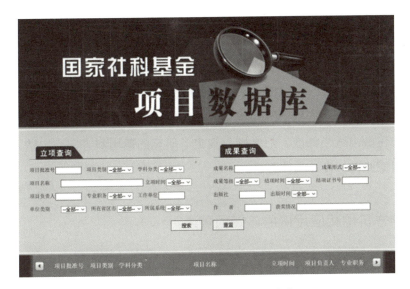

图 5-4　国家社科基金项目数据库检索页面

如何确定课题名称的具体表述方式？

有了好的选题还不等于就有了好的课题名称。选题是指明方向、圈定范围，还不是具体的、可以白纸黑字落在申报书上的课题名称。选题的重点在于选择，是去寻找和探索，而课题名称的重点在于落地，追求精准和规范。其一，字数控制在 20~40 个字之间，不加副标题。据说有人进行过统计分析，课题名称的字数越接近 25 个字，中标率就越大。这里的启示在于，要把课题名称写得尽量简洁、精准，清晰呈现研究内容。其二，确保研究对象在课题名称中做主语。其三，要根据实际情况而在"问题型表述"

与"陈述型表述"之间做出选择。前者如"城市交通治理中路权冲突及其解决机制研究"（2017年立项）、"中国足球事业发展战略与对策研究"（2021年立项），后者如"论公民福利权利之基础"（2014年立项）、"中国古农书的搜集、整理与研究"（2021年立项）。其四，契合《课题指南》中的具体条目和方向性条目。前者可选择不同的研究角度、方法和侧重点，也可对条目的文字表述做出适当修改，后者则只规定了研究的范围和方向，申请人要据此自行设计具体题目。

学术价值和应用价值该如何表述？

学术价值说到本质，也就是学术增量。通常意义上讲，项目研究的学术增量可以体现在新的理论、新的资料或者数据以及新的方法上。应用价值主要是要观照当代中国和世界的具体社会问题、现实问题，能够给出解释框架、分析逻辑，或者是带有可操作性的对策建议。也就是说，要对现实生活世界的存在和发展提供启示。此外，这部分内容的写作要实事求是、客观中肯，切忌填补空白。

相对于国家社科基金已立同类项目的新进展该如何撰写？

首先，要去"国家社科基金项目数据库"做些基础检索工作，整体把握"已立同类项目"的概况。需要注意该数据库中的数据更新有可能滞后，因此可以从全国哲学社会科学工作办公室网站查找下载最近年度获批立项的项目名单。

在此基础上，遵循如下三个原则进行"新进展"的写作。其一，以"少精准、多虚化"的方式使用数据。如果"已立同类项目"很少，那就把内容写精准。比如"近五年获批立项的同类项目有4项，研究议题集中在……等问题"。如果"已立同类项目"很多，几十项甚至上百项，那就把数据以虚化方式处理。比如"已立同类项目集中在'国家认同'与'政策分析'两个领域，学科分布多为国际问题研究、政治学和马列·科社"。其二，把写作重点放在"呈现区别"上。比如"已立同类项目中尚未出现从复杂科学视角关注共同富裕问题的研究，这正是本课题着力推进的地方"。其三，努力把"新进展"写实。比如"本课题的研究立意高远、内容广泛、视野开阔、方法多样……"的表述就远不如"较之于已立同类项目，本课题从概念解读、关系阐释、脉络梳理、机理分析和策略探讨等五个方面系统呈现改革开放与当代中国社会融入全球经济体系的进程"写实。

以上写作建议只是从"技术处理"角度回答如何体现"新进展"，如果已立同类项目确实非常多，而我们的新进展写得勉为其难、力不从心，那么还是建议回到选题，重新审视自己申报的选题是否真的具有"新推进"。因为我们写不出新推进的原因往往不是不会写，而是确实没有新推进。

学术史梳理和研究动态评述该如何撰写？

对此问题的前置要求是，一定要先把文献数据库检索的工作做在前面。通过文献检索把握中外学界研究脉络及其进展的全貌非常重要，文献检索与阅读的质量，直接决定了这部分内容的写作质量。

无论国外还是国内，可以围绕这些问题来展开讨论：这个选题中的关键词，是谁最早提出的？是基于怎样的社会现实和历史背景提出的？提出之后，其研究发展大致经历了哪些阶段？每阶段的代表人物及代表作都是怎样的？不同阶段的核心观点是什么？产生了哪些不同研究流派，不同流派的代表人物、代表作和主要观点都是什么？发生过哪些学术争论？这些研究在当时产生了多大影响？对于今天又有怎样的启示？需要注意的是，国内评述要把代表人物以及贡献分门别类地整理一下，然后再非常谨慎地商榷观点、指出不足。这个提示的原因在于，这些被写进研究综述的人，很可能会是我们项目的评审专家。

研究内容该如何撰写？

研究内容板块一般包括研究对象、总体框架、重点难点和主要目标这些具体内容。我们逐一来谈。

研究对象要回答的是：我要就什么问题展开研究？答案就是研究对象。这个问题在选题之初就要不断追问自己，究竟是要就哪一个问题，就一个什么样的问题来进行研究。研究对象的撰写要尽可能做到精准而不泛化，具体而不抽象，而且在行文时也尽量直白为好，别含蓄，否则评审专家也看不出来我们到底要研究什么问题，后果很严重。

总体框架要回答的是：我要研究的具体内容有哪些？这些内容之间的逻辑关系是怎样的？总体框架的撰写，有哪些内容，就列出哪些内容；注意内容之间的层次和逻辑，要形成一个有机整体；不宜太少，也不宜太多，3~6项为宜。

研究重点和研究难点，前者要回答的是：什么问题最影响研究主旨的达成和研究目标的实现？也就是说，一旦这个问题没研究出来，课题研究就进行不下去，就失败了。后者要回答的是：什么问题在研究实施过程中最为复杂、最具变数、最不可控？具体撰写时，重点、难点各列1~2个为宜，研究重点的写作要切中要害，研究难点在写作时别忘记说明应对措施。

主要目标要写的是研究预期，回答的是：项目研究要解决／回应／厘清哪些问题？主要目标的撰写，确定3~5个目标为宜；每个目标用简短清晰的一句话进行陈述。每个目标一句话，用一个判断句式加以陈述就可以了，而不要写成句群。每个目标写得内容越多，句式结构越复杂，就越证明我们不知道项目研究的目标是什么。

创新之处该如何撰写？

创新之处要呈现的是在学术思想、学术观点、研究方法等方面的特色和创新。从写作内容上看，包括理论／思想／观点创新、方法创新、资料／数据创新。从写作技巧上看，要做到客观中肯，不要夸大其词，列举1~3点为宜。

思路方法该如何撰写？

思路方法板块一般包括基本思路、技术路线、研究方法、研究计划和可行性分析这些具体内容。我们还是逐一来谈。

基本思路也就是要描述一下项目的研究过程，呈现"我打算怎么做"。要告诉评审专家，对于这个项目，我打算如此这般……这样做，然后把做的步骤用文字和技术路线图（不是必需）呈现出来。基本思路的写作，最好能用一个不超过300字的自然段搞定，字数越多，说明我们的思路越不清晰。

技术路线一般要用图示的方式加以呈现，但社科类的科研项目并不强制要求技术路线图。因此，如果觉得技术路线图能清晰呈现基本思路，那就把它加上；反之亦然。技术路线图终究是个锦上添花的东西，如果它只是画蛇添足，甚至还暴露了基本思路中的短板，那就不要放。

研究方法，说的是在项目研究过程中会用到的具体研究方法。因此一定注意这里要写的是具体研究方法，而不是方法论原则（比如理论联系实际），更不是方法群（比如归纳法、演绎法）。同时，这里要写的是在我们的项目研究过程中确实能用上的方法，而不是装点门面。此外，还要说明这些研究方法是在项目研究的哪个环节或者内容中加以使用的。

研究计划一般按时间线索来列。比如项目研究需要三年的研究周期，那么就把这三年时间划分为3~5个阶段，设置每个阶段的起止时间节点，简要陈述每个阶段的研究工作内容。

可行性分析，其实就是要列举为了保证项目研究的计划能够保质保量实施，我们已经具备哪些主观客观条件。主观条件可以展示项目申请人和课题组成员的研究能力、团队成员的合作经验，大家的时间精力是否充裕，研究分工是否合适，等等；客观条件可以展示能够保证项目研究计划落地而拥有的文献资源，托管单位的科研环境、制度保障和政策激励，等等。总之，要通过这部分内容告诉评审专家，我们已经万事俱备，只欠立项了。

预期成果、使用去向及社会效益该如何撰写？

按照国家社科基金项目申报书"数据表"里的提示，成果形式主要包括专著、译著、论文集、研究报告、工具书、电脑软件和其他。因此，预期成果根据项目研究的实际需要以及我们对于研究成果的预期，在成果形式里选择一到两项来填写就可以，同时也要注意兼顾我们最容易驾驭、最有把握完成的成果形式。至于使用去向及社会效益，就是要说明预期成果形成之后，它们会在哪些领域或行业中加以使用/应用、发挥作用以及作用效果的评估。这个内容不好一概而论，不同学科、不同议题和不同研究取向/偏好，差异还是非常大的。以我所在学科专业和我的研究偏好而论，我一般会写论文的发表、专著的出版和咨政报告的提交，可以为相关领域研究工作者提供文献准备，为相关专业的研究生培养提供文献资料，也可以为政府决策部门提供参考建议，等等。

"研究基础"该如何撰写？

研究基础是要考察项目申请人在自己申报选题方向和研究领域内的前期积累情况，一般是从申报当年往前追溯五年左右的研究成果。按照"课题论证"活页上的提示，"研究基础"由两个方面构成，一个是项目申请人的前期相关研究成果；另一个是这些成果的核心观点。对于前者，时间上尽量选择近五年，数量上不要超过规定要求列举的数量，研究议题上尽量选择高相关内容，成果形式要符合"数据表"里列举的形式。需要注意的是，项目申请人主持的项目、参加的学术会议、开展的实验或田野调查等，都是研究经历而不是研究成果，也就不能写到研究基础之中。对于后者，我的建议是把研究成果中和申报选题拥有最高相关性的成果的核心观点列举一下。注明代表性成果的名称、摘要/简介，标明引用、转载等社会评价情况，同时注意核心观点可以尽量契合于申报选题。

"开展本课题研究的主要中外参考文献"该如何撰写？

参考文献通常是被放置在项目申报表的最后。对此我的建议是：其一，确保文献来源的权威性。尽量选择研究选题范围之内，经过历史沉淀或同行评议而被学界公认的经典文献。这些文献的权威性属于学界共识，是支撑这个学科这个研究领域的最为重要的文献。其二，兼顾文献来源的丰富性。一般而言，在参考文献之中既有中文文献也有外文文献，既有历史沉淀下来的经典文献也有新近出版问世的文献,既有专著、译著,也要有学术论文。其三,注意分类。要把文献进行分类,同一类别的文献放在一起。其四,注意排序。同一类别的文献要按某种标准进行排序,比如发表年的先后或文献作者首字拼音降序等。不同类别的文献也要有先后次序。其五,文献数量控制在 10~15 条,不宜过多或过少。

鉴于这篇文章的篇幅已经很长,就不再做要点总结。最后再给出有关项目申报书修改的几条建议吧。

修改建议

①记得"课题论证"活页内容要做匿名处理;②一个好的选题(课题名称)已经成功了一半,怎样投入时间、精力都不过分,千锤百炼;③请值得信任的学者和专家帮忙审读申请书,提供"局外人"视角的建议意见;④反复通读通校,消灭标点符号、字词语法、起承转合……从形式到内容上的一切错误。

9. 想成为科研达人,要"打好组合拳"

在这章内容之中,我们围绕高校教师科研工作中的两个核心目标——发论文和拿项目进行了集中讨论,同时也顺带对文献的检索与使用这一基本功进行了说明。受到本书讨论主题和文字篇幅的限制,这里所提供的只能是最为基础性的介绍。如果想要更为系统地学习了解论文写作和项目申报的经验和技巧,可以去看我的另外两本书《发论文、拿项目,其实很简单》和《即学即用社科论文写作技巧与发表指引》。这篇文章，也是这章内容的最后，我想从论文写作和项目申报的具体事项中跳脱出来，为高校青年教师做好各项科研工作提供一个整体性视野。

科研工作的内在构成与外在压力

哪怕只从结果导向上看，高校教师的科研工作也远远不是只有发论文和拿项目这两个方面，虽然这两方面是其中最重要的部分。除此之外，科研工作（成果）还可以包括：写作与出版学术专著，撰写和提交咨政报告、研究报告、成果要报、实验结果分析报告，在各级各类非学术专业性报刊上发表理论文章，申请发明专利、实用新型专利和外观设计专利，申报国家级、省部级、厅局级乃至校级的科研成果奖项，投稿参加国际或国内各级各类学术会议并在会议上宣读参会论文或发表主旨演讲、主题演讲……这些行为／活动也都属于科研工作，在这些行为／活动中取得的成果也都是科研成果。

所以，如果把高校的科研工作仅仅理解为发论文和拿项目，格局小了。

此外，更要命的问题是：君不见，高校的高级职称教师越来越饱和，想要晋升高级职称的竞争也变得越来越激烈（第六章我们就介绍怎样顺利通过职称评审），外在压力也随之越来越大。于是水涨船高，晋升条件越来越严苛和多元。我当年评副教授的时候，两篇核心期刊论文外加主持一个教育部项目就过关，现在这样的条件恐怕连个讲师职称都搞定不了。现在的职称评审不仅对论文和项目的要求显著提高，还得有专著、奖项、专利、到账科研经费以及不少于 6 个月的国外访学交流经历（这一点近几年不怎么提了）……一个都不能少。

因此，无论是从科研工作的内在构成来分析，还是从晋升职称的外在条件去考虑，我们在科研工作的起步阶段就得明白一个道理：不能一条道跑到黑。"打好组合拳"，才更容易成为科研达人，实现职业生涯的向上发展。

什么是"组合拳"？

所谓组合拳，是拳法的一种。应用于体育运动中，如拳击、武术等。它指的是在进攻当中，利用各种单一拳法的组合连续攻击，使对手应接不暇，从而达到击中对手的目的。

对于科研工作而言，组合拳的精髓在于多线作战、全面开花，以"并联"的方式去推进多项科研工作的开展和进行。组合拳的好处是把具有相关性的多个目标放在同一个时间线中来统筹布局，综合实施。简单来说，它不是先做什么、后做什么，做完什么、再做什么，而是一边做这个、一边做那个，既做这个、又做那个。于是，单位时间的工作效率就提上去了。而且这种组合拳也让不同科研工作内容之间具有了一种对冲风险的神奇功效，东方不亮西方亮。综合算下来，显著提高了我们收获科研成果的概率。

举一个来自秘鲁农民种地策略的例子吧。人类学家发现了一个有趣的现象，当地农民喜欢把地种得很碎，每户农民平均拥有 10 块地之多，这些地分散在不同的方向，地里种的作物也有很多种类。于是,在翻地的时候他们需要赶着牲口在不同地块之间奔走,做灌溉、播种、除草、洒农药这些工作,因为地块分散而大大增加了劳动时间,效率低下。稍加分析就能发现,把每户农民的地集中到一起会非常省事,而且操作起来又没什么难度,大家置换一下手头的地块就可以了。那么,他们为什么不这么干呢?原因在于,种地属于高风险的事情,要靠天吃饭。地块分散就是多元化策略,是打组合拳,不把鸡蛋放在同一个篮子里。这样就可以分散风险,不至于因为天灾而颗粒无收。

怎样"打好组合拳"?

道理说清楚了,我们该怎么实现这一点,打好组合拳呢?让我先以自己的经历和经验来说说这个事情。必须承认,刚开始从事科研工作的时候我是"单线作战",时间、精力都集中在论文写作与发表这个事情上。直到五年之后,我才意识到还应该申报科研项目,于是大小项目前前后后申报了六七个,终于在两年之后获批了教育部人文社科研究青年项目。我的转变基本就是从那个时候开始的,开始打组合拳了。

具体而言,论文写作与发表是常规工作了,一直在持续。单兵作战的时候我是写完一篇投稿出去再接着写下一篇;后来有了硕士、博士之后就是团队作战了,我会操盘一个研究议题,把它分解成不同的论文选题,给出论文写作方向性的二级标题,然后团队成员领取任务分头行动、定期组会,同时也鼓励他们把这个"小论文"的写作和自己未来的学位论文选题结合起来,统筹考虑。

等同一研究议题的系列论文发表有一定规模了，我就会以这些论文为基础，重新编辑整理和增补删改形成学术专著的书稿，找出版社合作出版。在这个过程之中，不管是论文还是专著，只要有成果产出，我都会严格遵循"谁产出，谁署名"的原则来充分体现团队成员的贡献。同时，我也持续关注各级各类科研项目的申报公告，开始的时候是只要我符合申报条件，我都会申报；现在主要看项目级别和科研经费是否符合预期，符合的话，就去申报。刚才提到的书稿，我也会格外关注国家社科基金后期资助项目以及其他各级各类的出版资助项目，如果符合条件，就去申请。然后，遇到各级各类科研成果奖项的评选了，只要有合适的成果，也积极去填表请奖。咨政报告、非学术专业性报刊上的理论文章，申请专利的道理其实也都一样，并线作战，只是这方面我目前还没有涉及。

看到这里，一个可能的疑问或顾虑在于：这种"眉毛胡子一把抓"的做法会不会导致我们在铺摊子，样样通，然后样样松呢？我觉得这里的重点在于，要围绕同一个研究议题展开全部工作。比如我在之前的科研工作之中，围绕"现代民族国家建构"问题发表了系列论文，获批了国家社科基金项目，出版了学术专著，拿到了省社科优秀成果二等奖。这样来做，就能避开样样通、样样松的局面，持续发力、深耕细作。反之，如果每篇论文都换研究领域，每次项目申报都换研究方向，每次都是一时兴起去撰写咨政报告、理论文章，那就成了"玩票"了，容易出问题。

最后我想说的是，如果我们能从科研工作的整体性视野再继续"上一个档次"，用全局性思维观察高校教师工作本身的话，其实教学、科研、带学生,也可以用"打好组合拳"的方式来排兵布阵、调兵遣将。其实我们每个人都是自己高校教师职业向上发展的操盘手,用全局性思维、整体性视野来看待职业生涯,格局会有大不同。

> **要点总结**
>
> 无论从科研工作的内在构成还是从晋升职称的外在压力来看,高校教师都需要"打好组合拳"才能成为科研达人,实现职业生涯的向上发展。打好组合拳的精髓在于变"串联"为"并联",摆脱"先做什么、后做什么"的思维惯性,信奉"既做这个、又做那个"的行动逻辑。围绕同一个研究议题展开全部科研工作,是"打好组合拳"的关键。

Chapter 6
第六章

补短板、破铁律，晋升职称并不难

如果要给高校青年教师的向上发展提供一个外在的客观参照系，那么最符合社会预期、最具公信力和实质意义的标准就是职称晋升了。能否晋升职称，能以怎样的速度和方式晋升职称，已经成为评价高校教师职业成功的重要标志。本章聚焦这一公认标准，为高校青年教师在职称晋升的道路上高歌猛进提供助力。

1. 吃透政策才能补齐短板

每到高校里的职称评审季，各路英豪同场竞技，一时间群雄逐鹿，好不热闹。然后短则几周长则几个月，尘埃落定，得胜者满面春风、踌躇满志；惜败者满腔义愤、牢骚满腹。职称评审是最能帮助我们洞察高校教师职业发展底层逻辑的典型事件，如果我们以为大学校园是个象牙塔，是一处清雅、宁静的"世外桃源"，那么职称评审会毫不费力地摧毁一切幻想，不由分说就把我们拽回现实，裹挟其中。因此，作为一名有梦想、肯努力的高校青年教师，我们越早明白自己置身其中的其实是一个以职称晋升为导向的科层制系统，就越有可能在这场竞争之中胜出。

这篇文章，我们来讨论的一个入门级的，同时也是保障性的策略，那就是：吃透政策，补齐短板。做到这一点也许并不能让我们顺利通关、力拔头筹，但至少可以让我们有资格拿到"入场券"，走进竞技场。不完成这一步，我们连出局的资格都没有，因为根本都没能进入这个"局"。

吃透政策：别想在不懂规则的赛道上获胜

正所谓"知己知彼，百战不殆"，要想顺利晋升职称，就得清楚职称评审的基本政策是怎样的。不同省（市、区）专业技术人员的职称评审政策是不一样的，作为专业技术人员中的一个重要组成部分，高校教师的职称评审政策也不一样。而且，就算是在同一个省（市、区），同样是高校教师，成人高等教育学校和普通高等教育学校里的教师的职称评审政策也是不同的。更不要说高等教育的办学类型还分研究型、应用型和职业技能型，办学主体有公办和民办之分，办学层次有本科和专科（含高职、高专）之别了。

因此，当我们讨论职称评审问题时，抽象的、宏观的职称评审政策对于身处高等教育各个不同细分赛道上的每位高校教师而言，并不具有直接指导意义。甚至不同省（市、区）人力资源和社会保障厅出台的专业技术人员职称评审工作指导意见、工作规程、补充规定等等都不能全盘接受，因为现在很多省（市、区）的高校教师职称评审权已经直接下放到高校了。2017年10月，教育部、人力资源和社会保障部印发了《高校教师职称评审监管暂行办法》（教师〔2017〕12号）。其中明确提出，"高校教师职称评审权直接下放至高校，尚不具备独立评审能力的可以采取联合评审、委托评审的方式，主体责任由高校承担。高校副教授、教授评审权不应下放至院（系）一级。"[1]

这意味着，高校在高校教师职称评审工作上只要做到和国家以及所在省（市、区）行政主管部门的指导原则保持一致就可以，拥有了相当大的职称评审自主权。所以当我们这么层层拆解一路分析下来，除非所在高校职称评审规定和工作安排明显有悖行政

---

[1] 教育部　人力资源社会保障部关于印发《高校教师职称评审监管暂行办法》的通知，http://www.moe.gov.cn/srcsite/A10/s7030/201711/t20171109_318752.html。

主管部门的指导原则,否则这里"吃透政策"所指的"政策",是要去关注我们所在高校的人力资源处(人事处)制定出台的职称评审条件与工作安排。

怎样做到吃透政策?

那么,怎样才能做到"吃透政策"呢?除了逐字逐句阅读理解文件之外,遇到"吃不透"的地方,还要向人力资源处(人事处)的工作人员(最好是政策的参与制定者)进行咨询。而且,如果电话里说不清楚,或者担心接电话的是个新来的、要退休的、刚巧去这个办公室办事的……总之,鉴于事关重大,为避免上面各种情况的发生,可以直接拿着打印并标记了想要咨询内容的职称评审文件亲自去一趟,当面请教那个参与政策制定的科长或者处长。总之,要确保自己准确、清楚、明白无误地理解把握了所在单位职称评审政策的精髓。

千万不要为了怕麻烦或者害羞而不去"吃透政策",每年职称评审的时候都有很多老师因此而出局。"啊?学生评教成绩还有这么严格的要求?""书评凭啥就不算学术成果啊?""年限是周年不是虚年?你倒是告诉我这是谁规定的?"……事实上,到了这个时候再说这些是没有意义的,这是没有"吃透政策"的直接代价。坏消息是,还有可能引发"次生灾害":血压上来了、心率过速了,损害了自己的健康。而且还不排除明年再来参评的时候,职称评审条件会变且只会变得更加苛刻。

补齐短板：抓好提前量，缺什么补什么

吃透政策之后，逐一对照评审条件，我们就知道自己的短板在哪里了。就算这么做没能让"补齐短板"变得容易，至少知道哪里是短板，也就能做到未雨绸缪、有的放矢了。差论文就去写，差项目就去报，学生评教成绩差点就用心备课讲课，差专著就着手去写、去联系出版社。这个事情目标明确，道理浅显，就不再赘述。

最后我想提醒的是，别到了临近评审职称的时候再去吃透政策，而要在刚入职的时候，甚至在还没入职之前就去了解一下这所高校的职称评审条件，从而评估一下自己在这所高校晋升职称的难度以及目前的差距。另外，吃透政策这件事也不是一劳永逸的。由于各个高校高级职称的名额都非常紧张、越来越紧张，因此，职称评审的条件也会不断变化，变得越来越严苛。所以要不断吃透最新政策，火力全开，尽快补齐短板，只要达到评审条件就立刻参加职称评审才是"王道"。一步慢、步步慢，一步赶不上、步步赶不上。先下手吃肉，后下手喝汤——甚至有可能喝不上。

> **要点总结**
>
> 高校教师其实置身在一个以职称晋升为导向的科层制系统，晋升职称是高校教师向上发展的第一要务。为顺利晋升职称，吃透政策、补齐短板是入门级，同时也是保障性的基本策略。所谓"吃透政策"，是去关注所在高校人力资源部（人事处）

制定出台的职称评审条件与工作安排；所谓"补齐短板"，是逐一对照最新出台的职称评审条件来寻找自身不足，尽快弥补，早日达到这些条件的要求。

2. 评职称是"腾挪"的艺术

"腾挪"一词本来是个围棋界的专业术语。说的是在棋手对弈的时候，处于劣势的棋手会跳出鏖战犹酣的主战场，选择在棋盘的另一个地方落子。这样就给对手造成了一种"两难"的处境：不跟的话，处于劣势的棋手就有机会"做活"；跟的话，自己就变主动为被动，被对方牵着走了。也就是说，腾挪会让有经验的棋手扭转不利局面，甚至反败为胜。

让这个词"出圈"成为探讨大国发展战略与个人生存策略的热词，离不开经济学家何帆教授的推波助澜。2022年初，他的新书《变量4：大国的腾挪》出版，更是从国家、企业和个人三个层面系统阐释了一套腾挪的思维方式和实践策略。概括而言，何帆把他眼中的腾挪拆成三个具体招式，如图6-1所示，分别是找到破局点、我打我的和改变约束条件。

个人认为，"腾挪"对于我们高校青年教师顺利通过职称评审、实现职业向上发展具有非常重要的价值。这篇文章，我就把评职称这回事用腾挪的思维方式和实践策略拆解一下，看看能否提供启发。

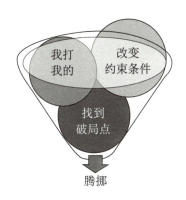

图 6-1 "腾挪"的三个具体招式示意图

腾挪第一式：找到破局点

所谓找到破局点，也就是要找到我们的比较优势，进而用比较优势来寻求和增加自己顺利晋升职称的机会。要搞清楚这一点，需要从这样两个方面来加以理解。

一方面，晋升职称的竞争是存在多个维度的。这是一个事实描述，而这一事实就为我们找到破局点提供了可能。单从评审条件来看，就包括学术论文、科研项目、学生与督导专家听课评教成绩、科研经费到账数额、出版专著、获得专利、取得教学科研奖励、继续教育学分等。除了这些条件里的基础要求（比如评教成绩良好和修满继续教育学分等）之外，其他的每个条件都是可以展开竞争的维度。也就是说，在我们达到了职称评审的基本条件要求之后，就要在某个维度去寻找破局点。我就见到过一位同事的横向科研到账经费创下我们学院建院以来的最高纪录，于是那一年这位同事就顺利晋升了高级职称。而且很多高校在进行职称评审的时候，还会考察一些评审条件之外的因素，这些也为我们找到破局点提供了可能性。

另一方面，每个人都有自己的比较优势。这是一个价值描述，只要我们愿意相信和承认，就一定能找到对自己最有利的破局点。比如，有的教师科研项目一般但学术论文的写作质量很高；有的教师论文和项目都挺普通的，但很擅长写咨政报告，已经有两篇报告得到省部级政府官员的肯定性批示了。发现了吧，其实每个人都有自己的比较优势。说白了，也就是在职称评审条件里，我们总能找到自己最为擅长、做得最好的那个条件。那么，把这个条件做到最优，就很可能会帮助我们顺利晋升职称。

腾挪第二式：我打我的

徐焰在《解放军为什么能赢》这本书中重点介绍过这个招式。在解放战争中，人民解放军的打法概括起来就是："你打你的，我打我的。"当时出现了一个非常奇怪的现象，那就是在这场战争进行了七个月的时候，共产党和国民党都认为自己取得了胜利。原因是什么呢？人民解放军的打法是以歼灭有生力量为目标，不计较一城一池的得失；而国民党军队的打法是抢占城市和交通要道，控制尽可能多的地盘。所以当战争进行到七个月的时候，双方都很好地达到了自己的战略目的，都认为自己胜利了。而真实的情况却正如毛泽东预料的那样，"存人失地，人地皆存；存地失人，人地皆失。"因为城池失守了还可以收复，可一旦有生力量损失了就难以弥补。如果为夺取城市和交通要道要牺牲很多人，那么到了最后必将既失地，又损兵折将。

这里的启发在于，当我们找到了自己的破局点，锁定了自己的比较优势时，就要不受外界的干扰，我打我的，全力以赴。我参评教授的时候，第一年没能通过，到第二年参评的时候，其实也是没抱什么希望的。好在有位评委说人家老踏发表的 CSSCI 期刊论文已经够评咱们这里的三个教授了，于是就通过了。现在回头来看，我是认准了自己的比较优势，我打我的，把这个破局点做到了能力范围内的最优。这其实是一种腾挪的智慧，只是当时的我并不知道这个词。

腾挪第三式：改变约束条件

就算我们找到了破局点，也在自己拥有比较优势的维度落实了"我打我的"，然而还要看到，还原到现实生活的真实处境之下，晋升职称的约束条件还是非常多，而且变化也很快。面对这种局面，我们该怎么办？其实，这里有个思想上的盲区。我们往往会忽视一个问题，那就是这个约束条件不是刚性的，而是可以改变的。记得何帆在《变量4：大国的腾挪》中举了这样一个例子，说中国有个成语是"头痛医头，脚痛医脚"，意思是这种就事论事的治疗方案通常是不管用的，很可能治头疼的办法反而是倒上一盆热水来泡脚。这就是典型的改变约束条件的办法。

回到职称评审这个问题。比如，如果我们在教学岗上参加职称评审竞争太激烈，很难胜出的话，那是不是可以考虑改变一下约束条件，有没有机会去走实验技术人员、图书资料专业人员、档案专业人员、自然科学/社会科学研究人员系列的职称评审？我还见过几位同事发现在我们单位晋升无望，干脆跳槽去了隔壁高校，结果不仅一次性就把教授、博士生导师的问题都解决掉了，还有了自己的独立办公室。

> **要点总结**
>
> 善用"腾挪"的思维方式和实践策略，有助于顺利晋升职称。"腾挪"包含三个具体招式：①找到破局点。也就是要找到自身比较优势。②我打我的。一旦锁定比较优势，就不要再受外界干扰，全力以赴把自身比较优势做到最优。③改变约束条件。不要被约束条件所困，要意识到条件其实是可以变通的，努力寻找晋升职称的最优解。

3. 怎样打破"第一次参评必败"铁律

前面文章中我们说过，可以把高校教师行业视为一个以职称晋升为导向的科层制系统。现在我要再补上一刀，这个科层制系统恐怕也不够友好，因为各个方面的迹象都表明，目前高校教师职称晋升的难度在不断加大，而且在可以预见的未来，这个难度还会持续加大。中级职称（讲师）还好些，越是高级职称（副教授、教授）的评审，竞争越激烈，一次通过率也越低。以至于业内流传着这么一种说法：第一次参评必败。

那么，怎么办？怎样打破"第一次参评必败"的铁律？

其实我是没什么资格来谈这个事情的，原因前面也提到了，我参加教授职称的评审，是在第二次才通过的。也就是说在很大程度上，我也是"第一次参评必败"铁律的受害者。但是好在，这么多年过去了，我还是实实在在地见到了一些打破这一"铁律"的真人真事，让我有理由相信这个"铁律"并不靠谱。还记得前面聊的"腾挪"吗？那里专门有一条就是"改变约束条件"。铁律看似是约束条件，却经不起推敲，它是可以被打破的。我在那些打破这一"铁律"的朋友身上发现了一些带有规律性和启示意义的内容。现在，我要把它们总结出来，供大家参考。

  当然也可能会有人反驳我说，干吗那么急切呢，是不是在故意制造焦虑？其实道理是这样的：就算我不说，问题就不存在吗？目前高校教师晋升高级职称的难度正在不断加大，这不是忽悠，而是事实。另外，别忘记我们的老话叫作一步赶不上，步步赶不上；一步快，步步快。这些千百年积淀下来的民间智慧是有道理的。很多事情是有时限的，比如超过35周岁且不是高级职称的高校教师就没有资格申报国家社科基金一般项目了，超过38周岁（理科）或45周岁（文科）且不是高级职称的高校教师就没有资格参评青年长江学者了……嘀嗒嘀嗒嘀，时间在流逝，鉴于我们都是有梦想、肯努力的高校青年教师，我们都期待光明的未来，能早一年就早一年，情况会有大不同。这么说吧，大学时期睡在我下铺的兄弟就早早评上了教育部"青年长江学者"，而我只能望洋兴叹。虽说我正在做的这些助力有为青年向上发展的事情也非常有意义，但毕竟有些职业天花板已经无法突破了。

成为那个"众望所归"的人

这一点很好理解,说得直白点就是走群众路线,让"群众的呼声"成为帮助我们顺利晋升职称的关键变量。我有一位师姐就是凭借这一点打破了"第一次参评必败"的铁律。师姐是个非常博学的人,热爱读书和旅行,但对待发论文啊拿项目啊这些事情就比较"佛系",只能算是勉强及格。可能也是因为自己的业绩成果并不算突出吧,面对职称评审的这个事情她就更是看得很淡。而且,她所在高校是省里公认"复杂"的地方,有关职称评审更是爆出很多内幕和传闻。

然而,师姐那一年第一次参评高级职称就顺利过关了。坦白讲,当年这个事情在我们上下届的同学圈子里还是有些意外的,因为虽然她在我们圈子里的口碑非常好,大家也都很喜欢她,可她的学术成就的确并不突出。后来这个事情就逐渐清晰起来。我们意识到,在师姐单位的那个圈子里,没有人觉得这个事情意外。恰恰相反,师姐身边的所有人都觉得她实至名归,真心诚意地为她欢喜。是的,这就是师姐的本事了。她为人随和友善又懂得分寸,情商极高且谈吐不凡,所以上至领导、下至同事乃至她带过的学生,对她都是褒奖有加、非常认可。

这里要重点强调的是,我并不是在教你通过歪门邪道或者刻意包装而让自己显得"众望所归",事实上,这种努力总是徒劳。除非你骨子里就跟我的这位师姐一样,拥有那种可以赢得广泛好评的人格魅力,否则你再怎么伪装都没用。另外,别忘记这位师姐"佛系"归"佛系",但实实在在地讲,她的业绩成果是达到职称评审条件的。所以，幻想通过"操作"来晋升职称就太天真了，还是"洗洗睡"吧。

成为那个能走"绿色通道"的人

其实无论是国家还是省里的行政主管部门，都希望看到高校能在职称评审方面做出一些积极的尝试和探索。毕竟"我劝天公重抖擞，不拘一格降人才"已经成为高校人才评聘的观念共识。

在这样的社会背景之下，中共中央办公厅、国务院办公厅在2016年底印发《关于深化职称制度改革的意见》。该文件指出，"对引进的海外高层次人才和急需紧缺人才，放宽资历、年限等条件限制，建立职称评审绿色通道。"[1] 很多省份乃至高校也纷纷出台规定，对于本省（市、区）和高校特殊/急需的专业技术人才开辟绿色通道。比如河南省人力资源与社会保障厅在2022年4月就出台了《河南省高层次和急需紧缺人才职称评聘"绿色通道"实施细则》，明确规定符合哪些条件的人才可以不受岗位职称名额的限制，破格申报评审高级职称。由此，打破"第一次参评必败"铁律的又一条道路展现在我们的眼前：让自己成为那个能走"绿色通道"的人。

对此，各个省份和高校的情况不好一概而论，所以还要去"吃透政策"，然后努力让自己成为符合条件的人。我的一位老师级别的大师兄（我读博士的时候他已经毕业留校任教了）当年就是

---

[1] 中共中央办公厅　国务院办公厅印发《关于深化职称制度改革的意见》，http://www.gov.cn/xinwen/2017-01/08/content_5157911.htm#allContent。

走的绿色通道而直接评上教授职称的。

这里还需强调的一点是,虽然我在这里提供了打破"第一次参评必败"铁律的路子,但前提是我们必须满足职称评审的基本条件,达到参评的底线要求。如果连这条及格线都达不到,那我强烈建议你不要"霸王硬上弓",否则一旦被人举报,也是难以收场和后患无穷的事情。

> **要点总结**
>
> "第一次参评必败",说的是越是高级职称的评审竞争就越激烈,以至于第一次参评注定难以顺利通过。这个"铁律"并不是没有机会打破。如果能成为以下两种人中的一种,参评高级职称评审的一次通过率会大幅度提升:①成为"众望所归"的人;②成为能走"绿色通道"的人。
>
> 评职称"赶早不赶晚",要尽力争取早日晋升。

4. 用你的代表作形成压倒性优势

这篇文章再来介绍一种顺利通过职称评审的方法,那就是用我们的"代表作"形成压倒性优势。那么,什么是代表作,又该怎样理解压倒性优势呢?

什么是代表作？

这里所谓的"代表作"，既包括狭义的，现在很多高校职称评审条件里常说的"代表作"，也就是学术论文；也包括一切能够证明和体现我们职业成就的广义"代表作"。

就前者而言，现在很多高校开始实行"代表作制度"，一般规定在参加职称评审的时候，只能提交不超过规定篇数（比如五篇）的学术论文。前面在讲到"腾挪"的时候，我曾用自己参加职称评审的例子来说明"我打我的"策略的重要性。那一年，我发表 CSSCI 期刊论文的数量足以碾压当年参评的其他文科竞争者。而能够形成这种局面的一个重要原因是当年我所在的高校还没有实行"代表作制度"，否则我的这个招式恐怕就不好使了。如果发现自己所在的高校对于提交论文这个条件的要求是规定数量的代表作，那就意味着我们必须从追求规模优势走向追求高质量发展的道路。这个问题我们在后面展开来谈。

就后者而言，能够彰显我们在聘期之内（也叫任现职以来）作为高校教师最高成就的一切成果，都可以称之为代表作。比如，我们经过层层选拔和推举/评审，最终拿到了全省（市、区）高校青年教师教学技能大赛的特等奖、一等奖、二等奖、三等奖或者鼓励奖；获得了国家级教学名师、省（市、区）部级教学名师、地厅级教学名师；获批了国家自然科学基金的青年项目、面上项目、重点项目、重大项目或者重大研究计划项目；入选了"国家杰青""国家优青""青年长江学者"或者"青年拔尖人才"；获批了国家社科基金重大项目、重点项目、一般项目、青年项目、西部项目、后期资助项目乃至我们的项目成果入选了国家社科基金项目的成果文库等。再如，我们向国家社科基金项目《成果要报》投稿的理论文章被刊用；我们撰写的理论文章在《求是》或者《人民日报》《光明日报》等权威媒体刊发……只要这项成就处于某个领域的制高点，或者是我们所在高校在该领域取得的突破性成就，那么这就是我们的代表作。

怎样理解压倒性优势？

解释了半天，也列举了这么多，我的观点是：无论是以上谈及的狭义还是广义的代表作，只要这个／这些代表作对于和我们一起参加职称评审的竞争者形成了压倒性优势，那么，我们的职称晋升之路就会变得平坦顺畅——雾霾散去了，阳光照进来了，一切都会是非常美好的样子。

不过话说回来，这种美好的程度也还是有很大区别的，主要取决于我们这种压倒性优势的压倒程度。

一方面，狭义的代表作，比如我们的论文发表在国内权威期刊如《中国社会科学》《中国工业经济》《管理世界》等，或者我们的论文被《新华文摘》全文转载，相信这种意义上的代表作在国内绝大多数高校都会形成压倒性优势。而如果我们只是比竞争者在CSSCI、中文核心期刊上多发表了一两篇论文，或者多出一篇被人大复印报刊资料全文转载的论文，那么这种优势在很多高校恐怕就不足以压倒竞争者了。

这里的启示在于，如果我们所在高校实行的是"代表作制度"，那么我们必须从进入高校的一开始就要意识到质量比数量重要、登顶山巅比平原走马重要、华山论剑比地沟里火拼重要的道理。这么说吧，我之所以能发表那么多篇 CSSCI 期刊论文，比我身边的很多同事都要多很多，最重要的原因是我的脸皮比他们厚，我把自己写出来的每一篇论文都先投往了这个级别的期刊；而我之所以在权威期刊上鲜有斩获，是因为我缺乏向这个级别期刊投稿的勇气。

早晚你会明白一个道理，那篇/那些篇能够成为"代表作"的并不是我们最满意的论文，而是我们最敢放手一搏，投到那个能让它（们）成为代表作的期刊的论文。

另一方面，广义的代表作，前提是我们要意识到它们的存在，然后合理评估自己实力和长项，进而依托自身所长向着拥有这个代表作发起冲击。比如，如果我们所在的省（市、区）有每隔三年就有举办全省哲学社会科学优秀成果评选的传统，而我们在评奖周期里又确实有比较过硬的成果——比如前面提到的被《新华文摘》全文转载的论文，那么当我们得知这个消息的时候，就要认真准备、积极参与。这里的前提是，我们得先意识到这些具有代表作"气质"的选项存在。人们常说机遇偏爱有准备的头脑，如果我们连这个选项都没看到，那就只能和它擦肩而过而不自知了。

狭义的代表作很难让我们完胜，而一般只是帮我们在满足各项职称评审条件的基础上拥有相对优势；广义的代表作则有可能帮我们打破常规、不走寻常路，绕开职称评审的条件限制而直接走上职业巅峰。

> **要点总结**
>
> 代表作能帮助高校青年教师在职称评审环节拥有压倒性优势。狭义的代表作是专指那些公认的高质量学术论文,广义的代表作则是那些体现当事人任现职以来最高职业成就的成果——这些成果或者处于某领域的制高点,或者是当事人所在高校在该领域取得的突破性成就。狭义的代表作一般能让高校教师在参评时拥有相对优势;广义的代表作则有可能让高校教师绕开职称评审条件限制而直接晋升职称。

5. 你越不可替代,评职称越顺利

这篇文章接着来谈怎样顺利通过职称评审的问题。可以把评职称视为一个分蛋糕的过程。那么,在分蛋糕的过程中,怎样确保自己能得到属于自己的那一份而不被别人抢走,以及怎样更进一步,拿到更大的蛋糕,捍卫自己的利益?关于这个问题,"夏普利值"为我们提供了一个极富价值的分析工具。

什么是夏普利值?

夏普利值是 2012 年诺贝尔经济学奖得主罗伊德·夏普利对于合作博弈问题的一个重要贡献。简单来讲,夏普利值为合作者之间更合理地分蛋糕提供了一个重要分析工具。在通常情况下,想要分蛋糕的人很多，而真正能得到蛋糕的人很少，这一点像极了高校教师的职称评审。

夏普利指出，在分蛋糕之前我们得先问自己：我有多重要？我是不是关键人？如果我最重要，作为关键人的我就可以拿走最大的那块蛋糕。但如果关键人不止一个，又或者在某些组合中我非常重要，而在另外一些组合中我没那么重要。那么，又该如何分蛋糕呢？

这时就要计算夏普利值了。它的计算方法是这样的：其一，如果一个人在做蛋糕的所有可能组合之中都没有任何贡献，那么这个人的夏普利值就是0。也就是说，在所有可能的组合中有没有他都一样，那他也就完全不关键了。不是关键人，绝对不重要。其二，在所有做蛋糕的组合之中，贡献完全相同的两个人，他们的夏普利值也相等。就好比三个人斗地主，四个人打麻将，对于斗地主的三个人或者对于打麻将的四个人而言，他们对于斗地主或打麻将的贡献都是相同的，关键程度也是一样的，因此，他们的夏普利值也相同。其三，做蛋糕的所有合作者的夏普利值之和等于他们合作所创造出来的总价值。也就是说，在实现合作、做出蛋糕的全部可能组合之中，一个人作为关键人的比例，与其他合作者做关键人的比例之和，加起来等于这块蛋糕的总价值。

说得简单些，夏普利值就是按照每个人在做蛋糕的所有可能组合之中作为关键人的比例来进行蛋糕的分配。如果在任何组合之中都是缺了这个人就不行，缺其他所有人都行，那么他就可以拿走全部蛋糕。反之，如果在任何组合之中缺了这个人都行，那么这个人就什么也拿不到。缺少这个人不行的比例有多少，这个人就拿走多少蛋糕。

夏普利值对于高校教师评职称的启示

基于夏普利值而进行的分配，也被称为"夏普利分配法"。这种分配方法的启示在于，在多方合作共事的所有可能组合之中，有多少组合之中的你是不可替代的、缺你不行的？越不可替代，越缺你不行，也就越体现了你的重要性，这就叫实力。所以，夏普利分配法也叫作实力分配法，你的实力决定了你能拿到什么，拿走多少。

结合我们正在讨论的问题，你越不可替代，评职称就越顺利。其实我们奋战在教学、科研和带学生的工作一线，就是在把高校的事业这块蛋糕做大做强。高校的事业发展壮大了，我们每位高校教师也会因此受益，但如果要具体到每个人能得到多少的问题，这恐怕要看每个人的不可替代性，也就是每个人的实力。

职称评审的道理也是同样的。那些对于学校的硕士、博士学位授权点申请、建设和通过专项评估、合格评估发挥关键作用的人，那些对于学校的重点学科、重点实验室建设发挥关键作用的人，那些对于学校的优势学科保持优势、特色专业保持特色而不可替代的人，他们的职称评审是不可能不顺利的。退一步讲，就算做到了这些而没有顺利晋升职称，跳槽去隔壁高校也立刻就能实现职称自由——是的，他们具备这样的实力。

其实我们稍加观察就会发现，这些"实力派"人物的共同特征在于：其一，取得本学科专业业内同行公认的学术成就，个人学术能力和研究水平占领本学科专业某个研究领域的绝对（同行内第一）/相对（单位内第一）制高点，或者开辟了一个新的研究领域并让这个领域成功跻身本学科专业的"显学"位置；其二，广纳贤才也好，内部培养也罢，形成了以自己为核心的推动科研与教学可持续发展的梯队力量，并且拥有带领团队成员冲击重大科研/教学项目的能力与追求；其三，拥有跨单位、跨地域、跨学科、跨行业进行资源交换整合与横向合作共赢的能力。比如在校企合作、产教融合、工学结合等领域进行整体规划和协同布局，为所在高校的特定学科专业发展找到新的增长点和发力点。

相信刚才读到上面这段文字的时候，你的脑海里已经闪现出自己所在高校乃至所在学科专业里的好几个具备这些特征的人的形象了。是的，这就是我们努力的方向，我们就是要成为这样的人。到了那个时候，晋升职称这回事就如同探囊取物、信手拈来一般轻松了。

当然你可能会说，我要是真有这么大的本事，还读这本书干吗？是的，也许现在确实没有这个本事，但这并不等于说以后的我们就一定不会有。实力派有一个算一个，从来不是咔嚓一声就出现在我们眼前的，他们也是从我们这样的起点出发，一点一滴、一步一个脚印成长起来的。另外也不要忘记，我们是谁？我们可是有梦想、肯努力的高校青年教师啊，用此时自己脑海里闪现着的这些形象来指引自己、鞭策自己，又何尝不是一种对自己职业生涯负责的本分呢？

> **要点总结**
>
> "夏普利分配法"对于高校青年教师顺利通过职称评审具有重要启示。所谓夏普利分配法,也就是按照"夏普利值",即根据每个人在"做蛋糕"的所有可能组合之中作为关键人的比例来进行蛋糕的分配。一个人的不可替代性决定了这个人能拿到什么,拿走多少。如果能取得本学科专业里的同行公认的学术成就,拥有带领团队成员冲击重大项目的能力,以及进行跨平台资源交换与横向合作的能力,晋升职称也就只是探囊取物了。

6. 评职称的"赌徒思维"要不得

前面关于怎样顺利通过职称评审的几篇文章,主要是在建议我们的高校青年教师"要做什么"和"要怎么做"。这篇文章和下一篇文章,我想再从反面做一些补充,看看我们在参加职称评审的时候不要做什么。

通过前文的阅读,相信我们已经就尽早参评、尽快评上这个问题达成共识了。道理很简单:先发优势很重要,往往一步赶不上,步步赶不上;职称评审条件有水涨船高、越来越严格的趋势。所以天下武功,唯快不破,只要情况允许、条件具备,我们就要赶早不赶晚,要力争上游。然而这里的"快"也是有底线的,不能像赌徒那样搞投机行为,孤注一掷。

区分投资与赌博、职场与赌场

罗伯特·清崎在他的畅销书《富爸爸投资指南》里介绍了投资的七个原则。其中之一是："投资者本身才是真正的资产或者负债……你的决策风险才是最大的风险,如果只是跟风投资,没有专业的知识经验,那你就是最大的风险,也就可能会成为最大的负债。并且,投资是一件很枯燥的事情,那种一夜暴富、一本万利的投资,其实根本不叫投资,是一种赌徒的投机思维。"

其实,我们高校青年教师的向上发展又何尝不是一种投资呢?两者的相通之处在于:其一,期待向上发展的主体是高校教师,正如期待资产增值的主体是投资者那样;其二,无论对于职业生涯还是投资而言,决策风险才是我们最大的风险;其三,一旦我们缺乏专业的知识经验,缺乏忍受枯燥而艰难的过程的耐心,不切实际地幻想一战成名、一劳永逸,那就是在拿自己的职业生涯去冒险。如果把职场当成赌场,把职称评审当成是一场华丽的豪赌而不计后果、铤而走险,那么被淘汰出局就只是时间问题而已。君不见,每每高校职称评审季,各位方家八仙过海、各显神通,以至于因为职称评审明争暗斗,闹得满城风雨,甚至导致身败名裂的事件也偶有发生。所以在这里,我要郑重提醒一句:职称评审的赌徒思维,真的要不得。

违法乱纪、行送贿赂不能有

为了晋升职称,向本校职称评审委员会的专家成员进行"无差别"的派发式行贿的；向职称评审委员会之中掌握话语权的少数关键人物进行重点行贿的；向有能力对职称评审委员会施加影响、干扰其独立评审进程的重要领导进行针对性行贿的；向有可能给本校重要领导、关键人物"打个招呼"的上级主管行政部门的领导或有业务/利益往来关系的相关行政部门的领导进行行贿的等。怎么样，有没有脑洞大开的感觉？这些都是不能做的，要承担相应的法律责任。

2021年3月1日起实行的《中华人民共和国刑法修正案（十一）》第三百八十九条规定，"为谋取不正当利益，给予国家工作人员以财物的，是行贿罪"；第一百六十四条规定，"为谋取不正当利益，给予公司、企业或者其他单位的工作人员以财物，数额较大的，处三年以下有期徒刑或者拘役，并处罚金；数额巨大的，处三年以上十年以下有期徒刑，并处罚金"。更为详细的内容，可参见该修正案第三百八十九条到第三百九十三条。

无中生有、恶意举报不要做

为了打压竞争对手，采取非常规手段，不惜颠倒是非、捏造事实，向本校纪检监察部门、上级行政主管部门等进行恶意举报的，要承担相应的法律责任。《刑法修正案（十一）》第二百四十三条规定："捏造事实诬告陷害他人，意图使他人受刑事追究，情节严重的，处三年以下有期徒刑、拘役或者管制；造成严重后果的，处三年以上十年以下有期徒刑。"如果是不以使他人受刑事追究为目的的恶意举报行为，比如以败坏他人名誉、阻止他人得到某种奖励或者提升等为目的而诬告他人有违法或不道德行为的，虽不构成诬告陷害罪，也要受到《中华人民共和国治安管理处罚法》的处罚。情节较轻的，可以处以五日以下拘留或者五百元以下罚款；情节较重的，处五日以上十日以下拘留，可以并处五百元以下罚款。

相信看到上面列举的这些法律条文，我们都能意识到一个问题：为了晋升职称而做出有可能触犯刑法或者治安管理处罚法的行为的话，那就偏得实在太远了。

以非正常方式/渠道获得职称评审所需条件不可取

这个好理解，似乎也更容易操作。说起来就是以金钱收买、利益交换等方式/渠道来让自己获得论文、专著、奖项、项目成果等的署名权，从而让自己看起来具备职称评审条件的要求。我们一定要爱惜自己的羽毛，远离这些高风险的诱惑。一定要有底线思维，就算我们错失一次晋升职称的机会，但至少我们可以做一个内心坦荡、眼神清澈的人。

最后我想说的是，高校青年教师的职业生涯不是一次掷骰子定胜负的赌博游戏，而是一场旷日持久、考验耐心和毅力的马拉松比赛。某个阶段的领先与落后固然重要，但是为了一时的冒进而做承受巨大风险并且后患无穷的事情，必须要避免。

要点总结

如果把职场当成赌场，把职称评审当成豪赌而不计后果、铤而走险，那么被淘汰出局就只是个时间问题。为避免被淘汰出局，要做到：①违法乱纪、行送贿赂的想法不能有；②无中生有、恶意举报的行为不要做；③以非正常方式/渠道获得职称评审所需条件的做法不可取。高校青年教师的职业生涯不是一次掷骰子定胜负的赌博游戏，而是一场旷日持久、考验耐心和毅力的马拉松比赛。

7. 晋升失败往往是因为太精明

关于职称评审我还想再说最后一个问题，那就是不要"太精明"。以我这么多年的观察，很多人晋升失败的原因在于业绩成果显得过于突出，以至于他们的那些小花招和小聪明被暴露无遗。职称评审委员会的各位专家表面上不说，可是谁都不傻，大家都知道这是怎么回事，所以晋升失败就是再正常不过的事情了。

这个道理并不复杂，容我慢慢解释。

"精明人"的用户画像

我们先来给这类"太精明"的人做个用户画像。他们的典型特征大致是这样的：这种人的人际交往能力超强，交友广泛，沟通能力、语言表达能力、智商情商之类的都较高。富有热情、处事大度、为人豪爽甚至行侠仗义都是他们给人的第一印象。而且最关键的一点是他们知道什么事情该找什么人来做效率最高、代价最小，因此，他们往往也是识人和理财的一把好手。

然后重点来了，他们和多数信奉"自己动手，丰衣足食""万事不求人"的人相比有个明显的区别，那就是他们有事就求人。只要碰到个事情，不管大小，脑海里闪现的第一个念头就是——这个事情我该找谁来帮个忙呢？这个特质也体现了他们华而不实的底色，很难踏踏实实下笨功夫是他们的缺点，骨子里的他们往往是懒惰的，总能找到自以为很"得体"的理由不去从事具体的事务性工作。

如果说，他们有本事把自己所有的事情（除了一日三餐）都交由别人来做，回头等别人求到他们的时候，他们也会满口答应，之后再把这个事情"转包"出去，求另一个人来帮他们完成这个别人的请求。那么他们的另一个缺点也因此暴露出来，由于经常得求别人帮忙，大量的时间精力都消耗在"沟通"上，吃吃喝喝总是在所难免，这也使得他们交往过多，难得有时间去关注心灵、提升认知、开阔视野。

"精明人"评职称的行动逻辑

好，做完用户画像，我们就来看看"精明人"是如何应对评职称这回事儿的吧。正如我们已经猜到的那样，在明确自己将要参加职称评审的时候，他们不是想着自己应该怎样努力着手来补齐短板，而是动起了小心思，满脑袋想的都是"这个事情我可以找谁来帮忙呢"？于是，他们的行动逻辑基本就是——选择用"众筹"的方式来评职称。

什么意思呢？他们会很快列出一份"麻烦清单"，然后通过请客送礼、嘘寒问暖的方式去寻求帮助，把这些麻烦各个击破。比如，当他们得知师妹刚刚获批国家自科面上项目，立刻祝贺夸赞和实名羡慕一番，然后"吐槽"自己最近如何压力巨大、怀才不遇，请求师妹在下次发论文的时候能否帮自己一把。然后按照同样或者相似的套路把所有能想到的人都叨扰一遍，看起来似乎有点"广种薄收"的意思，但总还是会有收获的。尤其是那些第一次被他们夸赞的人，碍于情面不好意思拒绝他们的人，往往还真就能让他们一再得逞——毕竟他们是多年练就的求人高手，也确实真敢下血本儿，什么生日的问候、孩子的入学礼、老人生病住院的安慰红包和结婚纪念日的鲜花等一应俱全，逢年过节还有月饼、粽子、海参、大闸蟹和家乡的土特产。

然后，神奇的效果就出现了。他们可能还真能名正言顺、堂而皇之地积累起"自己的"业绩成果，什么论文、项目、专著、科研到账经费这些，居然一个都不少。接着，他们就雄赳赳、气昂昂地去参加职称评审了。

精明人为什么往往会失败？

既然如此，这些精明人为什么还往往会失败呢？形式上看，他们的业绩成果骗不了明眼人；本质上讲，是他们的小算盘对抗不了大义利。

先说形式。他们提交业绩成果的表面美好是很难不在专家眼中原形毕露的。由于是通过"众筹"的方式七拼八凑的业绩成果，这些成果很难形成一个相对集中的研究领域，进而反映参评者在该领域的科研成就。可能单独拿出某一个成果，比如一篇论文（第一作者）、一本专著（第二作者或副主编）或者一个奖项（排名前三），都还是看得过去的。然而一旦把这些成果放在一起，情况就会发生微妙的变化。这就好比一个不想当将军的士兵不是一个好厨师那样荒唐，显然人的时间、精力都是有限的，科学研究也要遵循自身的规律，一个人是很难在 A 领域发表论文，在 B 领域出版专著，在 C 领域获得奖项，然后在 D 领域获得了科研经费的资助的。而且这里还有一个问题比较致命：他们很难有自己独立完成的科研成果。

再讲本质。毕竟他们这种水果拼盘一样的业绩成果都是通过花言巧语、感情投资或者利益交换的方式得到的，这种巧取豪夺的行为本身就让他们的业绩成果带有"非义"色彩，不合乎道义。孔子曰："君子喻于义，小人喻于利。"君子亲大义而远小利，小人取小利而舍大义。精明人不是真正的聪明，而只是小聪明，他们机关算尽，却在更为底层的大是大非面前失去了立场。而且我在这里也想提醒那些认为自己很精明的人一句话：别自负，别以为自己的小聪明别人看不出来，他们只是碍于情面或者不屑于当面告诉你而已。当你觉得自己很精明并为此沾沾自喜的时候，反而暴露了你的浮躁和不成熟。职称晋升的道路有很多条，精明往往是通往成功的距离最远的路。

> **要点总结**
>
> 　　太精明、有点小聪明、华而不实、不愿下笨功夫的人往往很难晋升职称。因为从形式上看，他们取得的业绩成果很难形成合力，无法带来势能，难以赢得评委专家们的好评；从本质上讲，他们的业绩成果带有"非义"色彩，小算盘对抗不了大义利，容易"失道寡助"。

Chapter 7
第七章

转岗与跳槽,家人的支持最重要

近年来,特别是"双一流"高校建设方案实施以来,高校间展开了对人才的激烈竞争,纷纷加大人才引进力度,职称评审政策调整和人事制度改革也风起云涌,"孔雀东南飞""非升即走""非升即转"俨然成为高校青年教师职业生涯面临的常态问题。如何看待转岗与跳槽,积极采取行动?这就是本章想要讨论的内容。

1. 砖头、螺丝钉和 U 盘，你是哪种人才

据说在希腊圣城德尔菲神庙上铭刻着三条箴言，其他两条未必记得，但第一条我们一定都知道："认识你自己！"苏格拉底正是从这里出发，构建了自己的哲学思想体系。在讨论转岗与跳槽问题的时候，我们每位高校青年教师也要把自己对这句话的回答作为一个基础——认识自己，是转岗与跳槽的前提条件。不清楚自己是个什么样的人，不知道自己的核心竞争力，就别去琢磨什么转岗跳槽的事情。那句谚语怎么说的来着：老母鸡还没抱窝的时候，别去打小鸡的主意。任何成功的转岗与跳槽都是建立在认识自己的基础之上，不先把自己认识明白、了解通透，不经历一个充分的酝酿和发酵的过程，就等于在老母鸡还没抱窝的时候就去打小鸡的主意。

那么，怎样认识自己呢？我们这里就不去谈苏格拉底的"助产术"、抽象的哲学思辨或者什么生理学、心理学、基因科学、元宇宙了，只从和转岗跳槽关系最为密切的职场人在职场的作用谈起，如图 7-1 所示，可以把人分为 3 种类型。

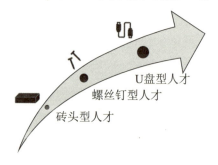

图 7-1 职场人的三种类型图示

第一种：砖头型人才

所谓砖头型人才，就是那种"我是一块砖，哪里需要往哪搬"的人才。他们的典型特征是：一切行动听指挥，把我安排在哪个岗位，我就在哪个岗位上干活儿。他们一般都吃苦耐劳、任劳任怨，这是他们的优点，领导把事情交给他们一般也会比较放心。不过话说回来，他们也往往缺乏对自己适合做什么、不适合做什么的明确认识，而这也是这种人才最大的问题。此外，他们在一个组织里的可替代性也比较高，价值可能因此被低估。这种局面带来的直接后果就是，他们往往干的活儿很多，到论功行赏的时候却经常被忽略。

这种人，说句扎心的话，转岗跳槽什么的就别想了（他们也确实不大会想这个事情），除非被裁员、排挤出局而不得不转岗跳槽，另谋生路。而且，如果他们不改变自己"砖头型"的人才特征，职业发展的空间就不会太大。

第二种：螺丝钉型人才

所谓螺丝钉型人才，就是那些处于各种事项的连接点，发挥关键作用的人才。我们知道，螺丝钉应该是现代生活中最为常见也最不可替代的工业必需品了，如照相机、眼镜、手表等产品上使用的微型螺丝，家用电器、乐器、家具等产品上使用的普通螺丝，还有铁路桥梁、矿井隧道里使用的大型螺丝。这么说吧，虽然看上去不起眼，但是只要现代工业还存在，螺丝钉就会一直很重要。

相比于砖头型人才，螺丝钉型人才显然更高级，因为它没那么"随便"了，也不是哪儿需要往哪儿搬，重要性被体现出来了。

螺丝钉型人才应该说已经具备转岗跳槽的资本了，但随之而来的就是这类人才转岗跳槽的阻力也增加了。这个事情其实既矛盾、又合理：你越重要和不可替代，转岗跳槽的难度也就越大；也正因为你的重要和不可替代，希望邀请你入职加盟的用人单位也会随之多起来。进一步的，由于是"卖方市场"，这类人才在转岗跳槽时的议价能力也会随之增加。这里的启示在于，要想积累转岗跳槽的资本，至少得让自己成为螺丝钉型人才才行。转岗跳槽的难度虽然不小，但是只要坚定执行，总会成功。

第三种：U 盘型人才

所谓 U 盘型人才，就是那种具备兼容和被读取的能力，即插即用的人才。作为信息存储的载体，把它插在家用的各种 USB 接口上，就能即刻提供美妙的音乐、漂亮的图片和惊心动魄的影片；作为维护个人金融信息安全的 U 盾，插在移动或 PC 端的接口上就能实现一键交易；作为携带关键信息的密匙，插在发射基地/航空调度的总控室集成电脑上，就能让运载火箭一飞冲天、让客运货运飞机安全起降飞行。他们的典型特征就是通晓某一学科专业领域的前沿知识和理论，把握该领域的发展趋势和研究动向。这就使得只要是在这个领域之内，他们可以即刻出发、随时发力、提供价值。同时，他们已经形成自己职业能力上的闭环，无论是教学、科研还是带学生，他们都能独当一面，每每于谈笑之间，樯橹灰飞烟灭。

相信你已经能猜到，U盘型人才是转岗跳槽领域的赢家，妥妥实现了转岗跳槽的自由。这种人才已经足够强大，强大到当他们想要转岗跳槽的时候，原工作单位也已经不好意思，甚至不敢来卡他们的程度了。而且这类人才就算不想转岗跳槽，哪怕是在其他单位或者学术团体做个顾问、理事、编委、兼职研究员、客座教授之类的，也会有非常不错的发展前景和收益。

总之，你是谁，属于哪种类型的人才，基本就决定了你能不能转岗跳槽，以怎样的方式转岗跳槽，以及转岗跳槽的成与败。

> **要点总结**
>
> 能否准确认识自己，是转岗跳槽的前提条件。可以把高校青年教师按其在职场中的作用划分为三种类型，分别是砖头型人才、螺丝钉型人才和U盘型人才：①砖头型人才很难转岗跳槽，也缺乏这方面的规划；②螺丝钉型人才具备转岗跳槽的资本，但面临的阻力也很大，坚持到底才会成功；③U盘型人才是卖方市场上的"抢手货"，转岗跳槽的难度很小，就算被请去做兼职也会有很好的前景和收益。

2."非升即走"是件好事

不知现在想去高校谋求教职的青年才俊还会不会认为大学老师都是"铁饭碗"，要是没有这种想法那就最好，否则你会非常失望。事实上，我国事业单位人事制度改革的力度还是非常大的，再加上高等教育领域"放管服"政策的相继出台与实施，作为事业单位的高校拥有了更多的自主权，已经基本实现"全员聘用制"。这也就意味着严格来说，我们高校教师都是"合同工"，学校是有权自由解聘大学老师的。此外，随着人事制度改革的不断深化，很多高校通过改革晋升制度、加强聘期考核、打通岗位壁垒、开展服务指导等多种举措的落地实施，一个以"非升即走"为特征的人才考核、聘任与流转机制也正在成为高校的常规动作。也正因为如此，转岗跳槽已经不再是高校教师个人主动选择的问题了，而是进入人事制度设计实施的规定性层面，成为每位教师都有可能面对的常态化问题。

"非升即走"是何方神圣？

"非升即走"源自欧美高校，我国是在 21 世纪之初借鉴过来的。以美国为例，在美国的大学中，教职分为两类——带聘用年限的和终身聘用的。带聘用年限的教师只要聘期一到就意味着教职的结束，至于还会不会续聘，那就跟重新找工作是一样的，各个环节流程都得走一遍，能通过的才能续聘；而终身聘用则是一辈子了，只要没有违法犯罪或严重违背师德，就相当于有了"铁饭碗"，可以一直工作到退休。同时，由于带聘用年限的教师无论从薪酬待遇、职业发展到社会名望都远不如拥有终身教职的教师，所以带聘用年限的教师往往会对获得终身教职趋之若鹜。

那么，怎样才能获得终身教职呢？要先拿到入选预聘终身制

（tenure track）的资格才行。这个预聘期一般是 6 年，如果能够入选，然后在预聘期里保持之前的教学科研业绩水平，等 6 年期满基本就能获得终身教职了。而一般来讲，没能入选预聘终身制资格的教师就会离开学校，这就是"非升即走"的原型。

我国高校怎样落地"非升即走"？

我国高校探索"非升即走"的常见做法是：新聘任的教师进校时以"预聘或准聘"制的形式签订劳动合同，在约定聘期内，完成规定的考核指标（晋升到高级职称的考核标准），达到要求且通过考核者可获得长期聘用或者转为事业编制，未达到要求者不再续聘或者转岗至非教研岗位。[①]

不同高校在执行"非升即走"时，情况各有不同。比如，某高校规定每位教师参评高一级职称的次数不得超过 3 次，若当年参评未能通过且一年来未取得较为突出的教学科研业绩，则第二年不允许参评。对于在本级职称任职满一定年限而又未达到高一级职称任职条件者，原则上不再续聘原岗位，可申请受聘非教师岗位或在规定时间内调离学校。再如，某高校对签订教职聘任合同的教师以每 3 年作为一个考核期进行聘期考核。对于聘期届满时未能晋升更高职务的教师将不再续聘，对于已通过 3 个聘期考核（教师到助教、助教到讲师、讲师到副教授）而未能受聘高一级职称的教师，则提供应聘实验工程岗、图书资料岗、院系教辅

---

① 仝泽民，杨柳：国内高校"非升即走"制度的实施情况与优化路径，载《高等教育评论》2020 年第 2 期。

岗等非教学科研岗位的机会。

"非升即走"的规则里隐藏着哪些利好？

随着我国"双一流"高校建设步伐的加快，国内高校纷纷探索实施以"非升即走"为核心特征的人才考核、聘任与流转机制。虽然目前社会各界对这一机制的评价褒贬不一，高校方面也面临诸如新老办法如何衔接并行、考核评聘的导向与配套保障的制度该如何设计实施等一系列问题，但"非升即走"俨然已经成为当前高校人事制度改革的主流趋势。作为已经成为或想要成为高校青年教师的我们，究竟该如何看待这一趋势，为我所用、向上发展？

如果我们只看到事情消极的一面，喊上一句"太卷了"是没有意义的。在本书前面的讨论中，我也专门分析过高校教师行业"内卷"是个伪命题的问题。从积极的方面着眼，从成长的角度入手，"非升即走"其实是提供了一个非常有效的人才筛选机制，这里包含着很多利好。

第一，"非升即走"可以加速"认识你自己"的过程。

还记得我们在前一篇文章里介绍过的高校职场中的三种人才类型吗？"非升即走"等于是为我们提供了一个实景测试，迫使我们在有限的时间（比如一个聘期之内）完成对于自己的认识。如果我们必须要完成"认识你自己"的任务，那么，越早完成这项任务，越早明白自己是什么类型的人才，对我们自己越有利。这么说可能有点残酷，与其在一个自己无法胜任的评聘体制里患得患失、苦苦挣扎，不如早早看清并坦然接受真实的自己，然后心平气和地找一个和自己的能力相匹配的去处。毕竟事业发展不是做给别人看的，只有适合自己的，才是最好的。

第二，"非升即走"可以助力"实力派"的快速崛起。

在以往传统中的高校招聘导向中，那些海外求学归来的人才，名校加身、名师推荐的高学历人才往往会被器重，这些人入职高校的初始待遇（尤其是"海归"）动辄几十万元年薪，是本校教师、本土非名校非名师博士的好多倍。这里的问题在于，身份光环并不一定代表这些人的真实能力，他们的高薪还会引起其他同事的嫉妒，不利于良好科研教学氛围的营造。"非升即走"可以让身份光环的认知偏差回归于能力本身，有助于那些真正有实力的优秀人才突破身份限制，破茧而出、快速崛起。这些年我真真切切地看到很多青年才俊"英雄莫问出处"，凭借自己的实力一飞冲天。应该说，"非升即走"的规则成就了他们。

第三，"非升即走"可以激发潜能，敦促向上发展。

这个道理很好理解，也最接近这一高校人才选聘机制的初衷。有了"非升即走"的外在压力，就可以很好地激发高校青年教师的内在动机和自身潜能，属于"跳一跳可以摘到桃子"，从而敦促优秀人才向上发展。其实在很多时候，不是高校青年教师自己不努力，而是缺乏明确的方向目标和约束条件。由于"非升即走"事关每位教师的切身利益，其选聘条件往往非常清晰，操作流程也非常直观和透明。这就容易对高校青年教师产生一种积极正向的激励作用，有助于他们施展才华、奋勇前行，取得一项又一项的职业成就。

> **要点总结**
>
> 建立以"非升即走"为特征的人才评聘机制正在成为高校人事制度改革的规定动作,这使得转岗跳槽成为高校青年教师需要面对的常态化问题。"非升即走"是一种非常有效的人才筛选机制,它的优点在于:①加速"认识你自己"的过程;②助力"实力派"的快速崛起;③激发内在潜能,敦促向上成长。

3. 你的动机决定你转岗/跳槽的成败

之前在讨论求学问题的时候,我曾经谈及主动进攻和被动防守的区别,之后强调主动进攻才是我们的最优策略。这篇文章我还是秉持同样的观点,希望高校青年教师无论是转岗也好,跳槽也罢,都要努力让它成为助力我们向上发展的进攻性策略,而不只是用来防守。

转岗和跳槽的区别

其实本章内容讲到这里,我们也还没有对"转岗"和"跳槽"这两件事情的关系进行过分析。现在,我们可以简单说说了。从字面意思上看,转岗更偏重防守,比较被动;而跳槽则是用来进攻的,更多是一种主动选择的行为。当然,如果是"非升即走"中的离职找工作,那恐怕就不属于跳槽了,而是去找工作,找到更适合自己的工作。

概括而言，两者的区别，主要体现在如下两个方面：一方面，转岗更多是为避免最坏，跳槽则是想要追求更好。"非升即走"里的"走"，既包括聘期届满，重新去找工作，也包括从现有岗位转到其他岗位，主要是从教学科研岗转到非教学科研岗。从这个意义上看，转岗主要是为避免离职重新找工作的风险而做出的一种妥协和退让。另一方面，转岗更多是为外在境遇所迫，不得已而为之，跳槽则是主动行为。如此看来，转岗似乎比较"佛系"和淡定，接受命运的安排，跳槽则是"励志哥"，我命由我不由天。

好了，有了对于转岗和跳槽这两件事情的比较，就可以开始"动机"这个话题的讨论了。我们来分析一下动机对于转岗和跳槽成败的影响。

动机是怎样影响目标的实现的？

我们知道，动机是驱使人们朝着目标前进的内驱力量。说得直白点，所谓动机也就是我们想做某个事情的念头。在心理学上，动机一般被认为是由能否发生、有无目标、强度大小以及持续时长这四个维度共同构成的，这四个维度也为拆解动机提供了结构化思路。如前所述，NBA已故球星科比在他职业生涯的鼎盛时期，每天凌晨四点就起床开始训练，于是就有了那句著名的"你见过凌晨四点的洛杉矶吗？"的励志语录。那么，科比在凌晨四点起床了吗？这是关于行为是否发生的动机。科比凌晨四点起床是为了什么？这是关于行为有无目标的动机。科比凌晨四点起床之后都做了什么？这是关于行为强度大小的动机。科比凌晨四点起床这个行为坚持了多少年？这是关于行为持续时长的动机。这么一拆分就会发现，动机对于人们最终能否完成一件事情、达成一个目标确实非常重要。

除了这种结构化思路的拆解之外，还可以从过程论的角度来理解动机。在哈佛大学心理学家杰夫·布朗等三人合著的《成功者的大脑》一书之中，把动机的出现过程划分为三个阶段，如图7-2所示，分别是规划阶段、激发阶段和执行阶段。

图 7-2　动机出现过程的三阶段图示

规划阶段就类似于我们自驾游的时候对目的地和行进路线的规划；激发阶段就类似于我们给汽车做了个保养，给油箱加满油/给电池充满电；执行阶段则类似于沿着既定的路线，朝向既定的目的地，开着保养好的、加满油/充满电的汽车，行进在去往目的地的路上。

结合前面科比凌晨四点起床训练的例子，他的"动机过程三阶段"可以是这样的：先是做出规划（规划阶段），比如我要成为下个赛季 NBA 全明星赛 MVP 奖杯的获得者，为此我需要每天凌晨四点就起床开始训练，一直坚持到赛季来临；然后是不断激发自己（激发阶段），排除其他干扰因素，保持良好的体能和情绪状态，不断用目标和实现目标的规划来激励自己；最后就是日复一日地贯彻执行（执行阶段）了，朝向既定的目标、以既定的方式奋力前进。

这三个阶段很好理解，但能像科比这样真正做到的人却寥寥无几。为什么呢？因为我们普通人的动机经常会停滞在某个阶段，比如光有目标但动力不足，或者有了动力但执行不到位，再或者一两次执行到位了却难以一直坚持。科比令人肃然起敬的地方在于，他能让这个动机过程像"永动机"那样不可思议，周而复始、循环往复。

"动机决定论"的启示

在明确转岗和跳槽之间的区别，以及动机影响目标实现的结构与过程原理之后，动机对于转岗或者跳槽成败的决定性作用也就浮出水面了。

第一，无论是转岗还是跳槽，我们的动机都决定着这个事情的成败。如前所述，动机一般被认为是导致行为能否发生、有无目标、强度以及时长的关键因素。所以，不管转岗的这个事情已经多么迫在眉睫，也不管我们已经具备多么充分的跳槽资本和条件，只要缺乏动机，这个事情或者就是干脆没戏，或者勉为其难转岗跳槽了，转的岗也很难让我们满意，跳的槽也会让我们很快就后悔。说到底，我们要有未雨绸缪的意识，还记得前面在介绍"腾挪"的那部分内容中提到过的"改变约束条件"吗？转岗和跳槽就是在改变约束条件，当我们的职业发展面临困境或者进入平原期甚至开始每况愈下了,那就一定要把它们提上议事日程,早做打算。

第二,转岗的重点在于遵循拆解动机的结构化思路,变防守为进攻。如前所述,转岗更多是为避免最坏的情况而不得已做出的选择。比如我们在"非升即走"的评聘考核中败下阵来,可能就需要转岗了。看上去似乎这是在走下坡路,是在被动防守,然而塞翁失马,焉知非福。如果我们能遵循前文提及的拆解动机的结构化思路,把转岗这个事情拆解为:其一,能否发生。转岗是否会发生?其二,有无目标。如果发生,我最想去/最适合哪个岗位?其三,强度大小。转到这个岗位的难度大不大,需要具备哪些条件?其四,持续时长。要具备这些条件,大概需要多长时间?怎么样,转岗这个事情是不是变得豁然开朗了?

第三,跳槽的重点在于遵循动机过程论,早作谋划、自我激励、贯彻执行。如前所述,动机的出现过程可以划分为规划、激发和执行三个阶段。如果意识到现在的工作单位已经难以支撑我们职业生涯的向上发展了,那么好,可以遵循动机过程的三个阶段,努力促成跳槽这件事的实现。其一,早作谋划。问自己:我想去哪所高校?这所高校的待遇好不好,晋升空间和职业风险大不大?这所高校的入职条件是怎样的?我现在的业绩成果与入职条件有多大差距?我要用多长时间、什么方法来弥补这些差距?等等。其二,自我激励。怕什么真理无穷,进一寸有一寸的欢喜。我确信那所高校值得我拼尽全力,我一定可以顺利入职,我属于那里!其三,贯彻执行。我要像科比那样每天凌晨四点起床然后写作,尽快达到入职条件。

第四，无论是转岗还是跳槽，要控制好动机的强弱才能成功。这里我还想再补充一个关于动机强弱与行为效果关系的耶克斯 - 多德森定律（Yerkes-Dodson law）。这个定律亦称"倒 U 形理论"，是由美国心理学家耶克斯和他的学生多德森在 1908 年经过研究发现的。该定律指出，在通常情况下，中等强度的动机可以带来行为效果的最大化；而动机过强或者过弱，都不利于行为效果的提高，即动机和行为效果之间呈现一种"倒 U 形曲线"的关系，如图 7-3 所示。

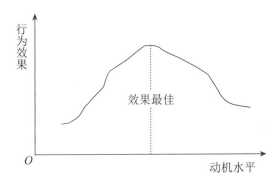

图 7-3　动机水平与行为效果关系的"倒 U 形曲线"

也就是说，恰到好处的、适中的动机才更容易带来持久和有效的行为，进而促成转岗或者跳槽的发生。此外，该项研究还发现，任务难度对于动机的强弱以及行为的效果也有影响。任务难度低时，行为效果随着动机的增强而上升；而当任务难度高时，行为效果则随着动机的增强而降低。这里的启示在于，当转岗或者跳槽的难度很小时，可以考虑适当增强动机，从而带来更好的行为效果；而当转岗或者跳槽的难度很大时，则需要控制好动机，不要蛮干硬上，否则不利于取得良好的行为效果。

> **要点总结**
>
> 从结构入手，动机可以从能否发生、有无目标、强度大小以及持续时长4个维度进行拆解；从过程入手，动机可以分为规划、激发和执行3个阶段。动机对于转岗/跳槽的决定性影响在于：①无论转岗还是跳槽，动机都决定着事情的成败；②转岗的重点在于遵循拆解动机的结构化思路，变防守为进攻；③跳槽的重点在于遵循动机过程论，早作谋划、自我激励、贯彻执行；④无论是转岗还是跳槽，动机适中更有助于成功。

4. 这样的用人单位不要去

从我们决定跳槽的那一刻开始，一个更加重要的问题就提上议事日程了，那就是——要往哪里跳。其实这个问题的粗放答案我们很容易想出来，当然是要去好的单位了。然而我这篇文章不想讨论什么是好的单位，而是要说说什么样的用人单位不要去。套用托尔斯泰的那句名言，好的单位都是相似的，而不好的单位则各有各的不好。好的单位很容易判断，反倒是那些不好的单位容易混淆视听、颠倒黑白。只有分辨出了不好的单位，我们才能避开跳槽的隐形陷阱，在正确的道路上一路狂奔向前。毕竟跳槽是一件成本高昂、代价明确（后面会讲到）的事情，如果费尽九牛二虎之力却"跳了个寂寞"，去了一家不好的单位，那简直就是倒霉到家了。

关注你能带来的价值，不谈你所受待遇的单位

当我们发出求职简历之后，能够得到反馈的渠道大概有如下几种：其一，目标单位人力资源部门的网页上发布了入围笔试、面试或复试人员名单的通知；其二，从投简历的 E-mail 里收到了回信，有可能是统一格式的标准化回复，也可能是非标准化的人工回复；其三，目标单位人力资源管理部门、拟入职学院分管人才引进工作的领导或工作人员打来了电话；等等。没能入围也就算了，一旦入围去参加了用人单位人力资源管理部门或拟入职学院组织的笔试、面试或复试，或者干脆就是已经在进行实实在在的面谈了……不管用人单位的领导或者工作人员以怎样的方式和我们交流，只要用人单位传递过来的信息都只是在表达它们对我们的兴趣，而有意无意地、有心无心地（这种时候就是有意的、有心的，别问我是怎么知道的）不谈它们能给我们提供什么价值的话，那么就要保持警惕了，这很可能是一个"空手套白狼"的单位。

当然，这个时候要是不甘心的话也可以直接挑明，问一下入职的待遇问题。如果得到的回复依然是语焉不详，那么恭喜你，你可以死心了。或者对方能够说得明明白白、头头是道，我们也一定要在看到合同的时候留意一下白纸黑字究竟是怎么写的。落实不到一纸合同里的待遇是不可能有的。

只愿解决你的问题，不关心你配偶、子女问题的单位

如果已经结婚并且有了子女，那么，我们跳槽的难度会比同

等条件的单身竞争者高出至少一个数量级。当然如果你的配偶也和你同样优秀,你们能同时满足用人单位的入职条件,那么情况就又发生了逆转——你的竞争优势会比单纯的"钻石王老五"高出至少一个数量级。这个事情说明找对象很重要……我的意思是说,这个事情说明用人单位也是要算经济账的。道理很简单:两口子一起入职,起码会少涉及一套住房问题,而且这样的求职者会更有诚意,入职后也会比较安心工作。当然了,如果你们两口子有未成年子女,而且还是双胞胎马上小升初,这可能又会是一个减分项。

啰嗦这么多,我并不是在批评用人单位要算计我们的入职成本,这是再正常不过的现象,合情合理。问题的关键在于,当你的配偶不具备入职条件,你的未成年子女需要用人单位协助解决入学入托问题时,才能真正了解到用人单位的诚意。那些为了顺利入职而刻意隐瞒,或者本着"不给用人单位添麻烦"的考虑而不提配偶和子女诉求的做法是糊涂的,除非你家里有矿。事实上,你会因此白白损失掉一个试探用人单位"校品"(参考人品)的机会,而且更重要的是,"怕麻烦"的用人单位也确实不值得托付我们的职业生涯。

流程化标准化有余但人情味不足,或者刚好相反的单位

这里其实介绍了两种相对极端的情况,我们一个个来看。一方面,流程化、标准化有余而人情味不足的用人单位,要慎重选择。如果我们在和用人单位接触的全过程里,更多感受到的只是一副

"公事公办"的面孔,而我们作为一个真实的人却始终没有被"看到",这样的用人单位恐怕是有问题的。高校教师的工作是要和"人"打交道,高校也是一个实实在在教育人、培养人的地方,我们作为高校教师的人的主体地位得不到应有的和基本的尊重,这样的用人单位再怎么井井有条、一丝不苟,我是真的不敢去,也真心不建议你去。

另一方面,流程化、标准化不足而人情味有余的用人单位,也要慎重选择。那种具体办事流程不靠谱,拖拖拉拉、大大咧咧的,需要我们提交的各种材料、填写的各种表格"差不多"就行,马马虎虎、随随便便的,这明明已经是减分项了吧,结果我们能接触到的领导和工作人员偏偏又非常热情,帮我们叫神州专车接送往返也就算了,居然还会请我们吃饭。席间,领导不仅对学校/学院的情况夸赞有加,还会给我们做出各种承诺和保证。他们会说:"小张啊,等你来了就知道了,咱们学院那气氛叫一个和谐呀……"怎么样,这样的用人单位你是否还有勇气入职一试?

直觉告诉你不对劲,但又说不上哪里不对劲的单位

这里就没有什么具体的"槽点"来进行介绍和提醒了。我是觉得经过如此漫长的生命演化才让我们人类物种以现在的样子生活在这个世界,这其中肯定有一些被写进基因层面的、以直觉方式表达出来的念头和感觉,对于这些我们必须尊重。所以,如果直觉告诉我们用人单位"不对劲",那用人单位十有八九就真的是不对劲。别和自己的直觉对抗,别有侥幸心理、心存幻想,认

为"这次不一样"。"不对劲"的用人单位就算确实没有直觉告诉我们的那么不对劲,但是那里也肯定不适合我们。"不对劲"也许不是事实描述,却会实实在在成为我们适应新环境的障碍。道不同不相为谋,孔子的这句劝告是有道理的。

最后我还想补充的是,这里分析的单位的好与不好,其实也都是相对的,一个对你而言不好的单位,在引进顶流学者的时候可能就会是一个好的单位。说到底,用人单位的好与不好是差异化的、因人而异的。而我们所面对的这个单位是好的还是不好的,从根本上说,是由我们的实力来决定的。

> **要点总结**
>
> 选择跳槽目标高校的时候,具备以下四个特征中的一种或者多种的用人单位不要入职:①关注当事人能带来什么价值,不谈当事人待遇的单位;②只愿解决当事人的生活安置,不关心其配偶和子女问题的单位;③流程化、标准化有余而人情味不足,以及刚好相反的单位;④直觉上"不对劲"但又说不上到底哪里不对劲的单位。

5. 你无法跨越自己的见识去跳槽

硅谷投资人、国家文津图书奖获得者吴军老师在 2018 年出过一本书《见识》。作为他的铁杆粉丝,我第一时间就买来这本书开始学习,心有戚戚焉。吴军在序言中指出,"之所以给书起这个名字，是因为我觉得人一生的命运其实在很大程度上受限于人的见识，而命运的改变首先需要见识的提高。"在这本书中，吴军列举了自己曾经交往过的四位诺贝尔奖得主的成就，然后结合个人的经验观察，说出了下面的体会：为什么我身边有那么多人并不缺乏智商，受过非常良好的教育，自身也足够努力，成就却要比那些诺贝尔奖获得者差很多呢？……他们之间的差异可能不是生理上的，而是在其他方面，比如见识上的差异。最后吴军指出，"人最终能走多远，取决于他们的见识"。

我自然没有吴军这般格局与见识，想都不要想，但在经验观察的层面，道理其实都是通的。回首往事，相信我们都有很多成功的经验，也有很多失败的教训。然而，这里有一个更为基础的问题：成与败、得与失，如果我们的见识不够，其实是很难判断一件事情我们是做对了、成功了还是做错了、失败了的。因为在骨子里，我们做出某种选择，导致某个行为，是因为我们认为这就是"对"的选择，我们正在做着正确的事。但是我们是在不断成长的，见识也会随之提高，此时此事认为的"对"，也可能会在不远的未来让我们追悔莫及、懊恼不已。

回到跳槽问题，这里的启示在于：你无法跨越自己的见识去跳槽。我们要努力的方向，是尽量确保自己在此时此事上的见识，不会让未来的自己后悔。我们要深刻意识到跳槽是一项"系统工程"，需要权衡考虑的因素和变量都非常复杂，而且不管怎样选择都不可能做到完美，总会付出相应的代价（下篇文章我们重点谈代价）。因此，我想给出一些门槛意义上的见识。如果想要跳槽的话，请至少跨过门槛。

审视起点:跳槽的理由合理吗?

在决定跳槽之前,要先审视一下自己跳槽的理由是否合理。因为基于不同的理由,跳槽的结果也会有大不同。在我看来,以下理由应该算是合理而且充分的。

第一,确信现任单位的工作已经无法给你带来成长了。你被困在这里了,成长停滞了,甚至每况愈下。如图 7-4 所示,你的职业成长曲线不再上扬,进入了平原期甚至已经出现了向下的拐点。

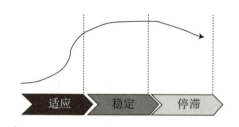

图 7-4　高校教师职业成长曲线示意

第二,你的价值被低估,甚至被严重低估了。比如,你发表的论文被《中国社会科学文摘》全文转载,或者你投稿的理论文章在全国哲学社会科学规划工作办公室的《成果要报》上刊发了,但你所在学院以及学校的科研处、人事处在进行成果认定的时候问你:这都是些什么东西?对,你得跳槽了。

第三,所在学院乃至主管部门领导用你不认同的价值观来碾压你。比如院长郑重其事地把你叫到他的办公室,然后神神秘秘地对你说:小张啊,来学院的行政办公室当秘书吧,两年之后我保你能当上主任。光是教学科研有什么出息,就算你做到博士后不也就是个一线教师吗?对,赶紧走。

如果是出于下面的两个理由而跳槽，我的建议是要慎重。其一，为蝇头小利的吸引而跳槽。比如，隔壁高校一年能多赚两万元还不用搞科研，单纯这个理由真的没必要折腾。其二，因为抱怨单位的环境太差、关系太复杂而跳槽。如果是这个理由，等你跳完之后不久就会发现新的单位也是这个样子的。因为这只是你内心状态和交往方式的投射和副产品，不改变你的内心状态和交往方式，去哪个单位都是一样的，问题依然存在。

规避风险：跳槽的准备充分吗？

在决定跳槽之后，要做好充分的准备工作之后再开始行动。中国的古代智慧里讲"大事要静"，跳槽是件大事，《礼记·大学》有云："静而后能安，安而后能虑，虑而后能得。"那么，跳槽需要做哪些准备呢？其一，应该尽可能多地去了解高校教师行业的职位招聘市场状况。如果觉得体量太大很难入手，可以有针对性地了解某个自己有意向的省（市、区）或城市的不同层次高校招聘的市场行情。其二，要根据不同层次高校招聘的条件要求来对自己的工作业绩做一个评估，锚定某所或多所高校作为自己的跳槽目标高校。其三，如果自己的工作业绩与跳槽目标高校的条件要求差距较大，恐怕还要再努力一下，尽快让自己满足条件要求才是正道。其四，尽量搜集关于目标高校乃至其所在城市的相关信息，类似产品经理描绘用户画像那样，形成对于目标高校和城市的"画像"。比如，高校的福利待遇和文化氛围，城市的房价与物价等。其五，如果对某所高校非常感兴趣，还可以借着参加学术会议、假期自驾游之类的机会实地去走走看看，如果刚好在这所高校有熟人，也可以约出来聊聊。

对了，顺便提醒一句：如果真的见到了你在这所高校的熟人，千万不要问人家你想入职的学院"年轻单身女老师/男老师多不多、漂亮/帅气吗？"这样的问题，人家会觉得你太不专业也太不靠谱。另外，年轻人越多，异性越漂亮，我越不建议你入职。因为年轻人越多，你晋升职称时候的竞争就越激烈。此外，职场上是不适合发展亲密关系的，异性越漂亮等于诱惑越大，不利于你把时间、精力集中在向上发展上。不要幻想着去发展什么办公室恋情甚至婚外情，我们可都是有梦想、肯努力的有为青年啊。

个人认为，至少要准备到这个程度了，再去准备一份简洁明了、契合目标高校职位招聘条件的个人简历投过去。这样做的好处最主要是规避风险。要知道，跳槽最悲催的事情不是没跳成，而是成功地跳槽去了一所让你有更充分理由继续跳槽的高校。

敦促成长：跳槽的目标明确吗？

跳槽是手段，不是目的。我们的跳槽目的是实现向上发展，敦促自己在职业领域里不断成长，获得一次又一次的进步。从这个意义上看，一切不以敦促成长为目标的跳槽都是"耍流氓"。在我看来，目标高校如果不能解决我们前面在"审视起点：跳槽的理由合理吗？"部分提到的那些问题，这目标高校的选择就失败了。让我们再重温一下那三个问题：其一，现任单位的工作已经无法给你带来成长了；其二，你的价值被低估，甚至被严重低估了；其三，所在学院乃至主管部门领导用你不认同的价值观来"碾压"你。如果这三个问题经由这次跳槽而被彻底解决，或者不够彻底但至少被阶段性地解决掉，这样的跳槽，才是目标明确的跳槽。

还要注意，敦促成长这件事只是相对的，不是绝对的。成长是贯穿整个职业周期的事情，妄图通过一次跳槽就一劳永逸地解决职业成长的全部问题，既不现实也不可能。关于成长的任何一种理想主义都会成为我们跳槽的障碍，它帮不到我们。一个更为理性的选择是选择一个适合自己的目标高校。适合此时的自己的，就是好的跳槽目标高校。而且这种适合是动态发展变化的，也许刚入职的时候适合，过上几年就觉得不再适合了，那个时候可能你又要面临新的选择，也许还是要跳槽的。

最后我想强调的是，见识的提升也是同样没有止境的，这也是我们无法跨越自己的见识去跳槽的又一层含义。接受自己的局限，相信成长的力量，在自身见识所及的条件之内去寻找问题的最优解，才是跳槽的题中应有之义。

要点总结

人无法跨越自己的见识去跳槽。因此，想要让跳槽成功，请至少跨过如下见识上的门槛：①跳槽的理由是否合理，跳槽能解决现在面临的问题吗？②跳槽的准备工作是否足够充分，能够避免所有已知的风险吗？③跳槽是否可以实现敦促职业成长的目标？

6. 凡事都有代价，别幻想完美的转岗／跳槽

在刚才的文章中我提到过，跳槽是一项"系统工程"，需要权衡的因素和变量都非常复杂，而且不管怎样选择都不可能做到完美，总会付出相应的代价。比较而言，转岗的难度要小很多，但终究也是有代价的。如果我们在转岗或跳槽的时候意识不到这一点，期待可以江湖再见、华丽转身，那么我们很有可能因为自己对代价的评估不足而付出更大的代价。这篇文章，我们就来谈谈代价问题，以及如何面对这种代价。

其实说起来，我还是有点资格来谈这个问题的。在我过往的职业生涯中，经历过三次转岗和两次跳槽。三次转岗，第一次是从一所中专学校的基础科专职思政课教师转岗到学生科／团委（两块牌子，一套人马），成为负责学生舍务管理和社团活动管理的干事，兼任思政课教师；第二次是从学生科／团委转岗到招生就业办公室任副主任，协助主任开展招生就业相关工作，兼任思政课教师；第三次是这所中专学校被整体并入地方本科学院，我从招生就业办公室转岗到该学院的马克思主义学院成为专职"两课"（马克思主义理论课和思想政治教育课）教师。两次跳槽呢，第一次是从地方本科学院跳槽去了省会城市的省属重点大学；第二次是从省属重点大学跳槽来到了省外的"四方共建"全国重点大学。

记得在电影《天空之眼》里有一句台词："永远不要对军人说，他不知道战争的代价。"套用这个句式我也想说：永远不要对高校教师说，他不知道转岗／跳槽的代价。那么，都有哪些代价呢？让我分别说说。

转岗的代价，主要来自"适应新岗位"

转岗，顾名思义也就是从一个岗位转换到另一个岗位。这里需要面对的更多是来自工作性质、形式和内容变化所带来的陌生感，考验的是我们适应新岗位要求的能力。以我为例，我从基础科转岗到学生科/团委，工作性质的变化主要是从专职教师变成兼职教师，学生舍务管理和社团活动管理成为我新岗位工作的重点。工作形式的变化主要包括以前不必坐班，现在需要坐班；以前是上白班，现在每周至少三天需要去学生宿舍值夜班。工作内容的变化就更明显了，以前是备课、讲课、批作业、批试卷，现在这些工作还在做，但更多时间精力是用来检查宿舍卫生、约谈违纪学生、通知学生班主任、向科长请示汇报以及为学生社团的各项活动提供指导、服务和监督。

与此相联系，还派生出一系列改变，比如：个人可自由支配的时间、精力明显减少了；和科室领导同事、相关科室领导同事的接触和交往，和违纪学生、学生干部、学生班主任接触的频次和时长明显增加了；参加各种"应酬"、出席各种"活动"的频次明显增加了；等等。这些改变都是代价，也是考验，需要尽快熟悉、尽量适应。

跳槽的代价，主要来自"摆脱旧单位"和"适应新环境"

跳槽，简单来讲也就是从一个单位离职，去另一个单位入职。对于高校青年教师而言，跳槽也就是从一所高校去了另一所高校。

一般而言，这种跳槽的工作性质、形式和内容其实没什么变化，都还是教学、科研和带学生而已。让我们付出代价的，一个是从原单位离职，另一个是适应新的环境。还是以我为例，我跳槽过两次，两次从原单位离职的代价都不算小。第一次跳槽前后耗时一个多月，缴上了部分违约金，领导终于签字了。除此之外，还有次生的代价，我一个人跑到距家乡2000公里的省会城市，住进了学校提供的青年单身公寓，妻子和女儿则留在家乡。第二次跳槽耗时就更久，我从五月初拿到商调函，一直到放暑假，并支付了违约金，才调动成功。

再来说说适应新环境的代价。其实入职单位的环境还是很容易适应的，毕竟工作性质、形式和内容都差不多。主要的代价来自购买住房、装修以及搬家。我跳槽的这两次都在入职单位所在城市购买了住房然后装修，装修之后又去购买家具电器，再折腾搬家。第二次跳槽之后的搬家规模空前、工程浩大，因为我们是从家乡和家乡所在的省会城市两个地方搬到现在的城市。现在的城市距我家乡1500多公里，距省会城市700多公里。而在这次团聚之前，女儿的成长过程之中偶尔缺少母亲的陪伴，长期缺少父亲的陪伴，她自己也不得不在省会城市读幼儿园，回家乡读小学，到三年级的时候又转学来到现在的城市读书。至今我还记得女儿问我的那句话，那是在我们一家三口上上下下地往房间里搬运我们从千里之外开车拉过来的居家用品时，7岁的她站在电梯门口问我的。她说："爸呀，咱们不会再去其他地方了吧？"是的，这些都是代价。

我相信让任何一位当事人来评判自己跳槽的是非对错、成败好坏,他都会百感交集、感慨万千。跳槽既能收获利好也要承担代价,尤其要对代价做好充分的心理准备。无论如何,一套冷静客观的成本收益分析方法会让我们看清跳槽的本质,而真实场景之下的具体跳槽过程,则会帮我们理解世态炎凉,懂得真情可贵。

最后我想说的是,转岗一般是被动的,不得已而为之,但因祸得福,变被动为主动的机会其实一直都在。最重要的是,我们要从这些经历中收获成长。如果确实不喜欢转岗后的工作性质、形式和内容,退一步讲,我们也可以默默积蓄力量,为跳槽做好准备。比较而言,跳槽一般是在向善向好,主动而为之,但如果处理不好、操作不当,也可能好事变坏事。转岗和跳槽作为高校教师向上发展的重要事件,需要我们认真对待、谨慎行动。

要点总结

凡事皆有代价。高校青年教师在决定转岗或跳槽的时候,要充分考虑"代价"问题,并把它纳入转岗或跳槽的成本收益分析之中进行评估。对于转岗而言,它的代价主要来自"适应新岗位",面对的是来自工作性质、形式和内容变化所带来的陌生感,考验的是适应新岗位要求的能力;对于跳槽而言,代价则主要来自"摆脱旧单位"和"适应新环境"两个方面。

转岗和跳槽是高校青年教师向上发展的重要事件,需要认真对待、谨慎行动。

7. 家人的理解和支持最重要

在这章内容的最后,我想再说一个看似与转岗、跳槽距离很远的话题,家人。我的观点已经写在文章的标题里了,那就是:家人的理解和支持最重要。俗话说,一个成功男人的背后总有一个默默支持他的女人。而一个成功转岗、跳槽的高校教师的背后,也总有一些同样默默支持他(她)的家人。

家人的理解和支持是转岗、跳槽的关键环节

之前我们讨论过转岗和跳槽的代价问题。这里要强调的是,这些代价并不只是我们自己在面对,家人也要跟着"吃挂落"。由此,会出现两种情况:如果家人能够理解和支持,愿意站在我们这一边帮忙分担代价,那么我们无论是转岗也好,跳槽也罢,都可以更加平稳和顺利,没有后顾之忧;反之,我们就会比较惨,不仅要一个人扛下所有直接的代价,还要额外背负由于家人的不理解和不支持而派生的代价。而且这种派生代价还会和直接代价形成一种类似"正反馈"的效应而不断强化,引发连锁反应,比如婚姻关系的破裂,子女教育与成长的受阻,与父母关系的紧张和冲突,等等。要知道,家人的理解和支持并不总是必然存在,懂得维护和经营与家人的关系,尽力争取家人的理解和支持,也是转岗和跳槽的关键环节,不可或缺。

这里恐怕要区分几种不同的情况来进行讨论的。我们面临的问题类型是转岗或者跳槽,而我们面对的家人,从家庭结构类型

的角度来划分的话,包括:其一,由我和配偶两个人组成的"夫妻家庭";其二,由我、配偶和未婚子女组成的"核心家庭";其三,由夫妻/核心家庭成员和父母/岳父母组成的"主干家庭"。如图7-5所示,为了讨论的方便,我把"家人"按由亲到疏的不同,划分为三个层次,分别是夫妻家庭中的配偶、核心家庭中的未婚子女,以及主干家庭中的父母/岳父母。如果你还是单身,或者已经结婚但还没有子女,那么在这个排序靠后的家人就自动进入前一个层次。有了这样一个分类的"图谱",分析起来就会清晰很多。

当然,也可能有读者不认同我这里对于家人亲疏远近的排序。不是父母更重要吗?不是子女更重要吗?有这类困扰的朋友很可能还是一个关系中的"未成年人",建议向专业人士咨询和寻求帮助,因为解决这个困扰真的非常重要,关系中的"未成年人"是很难取得职业上的成功的。但是鉴于这个问题已经超出本文讨论的范围,这里就不做赘述了。下面,我就按这个分类来逐一给出维护和经营自己与家人关系的建议。

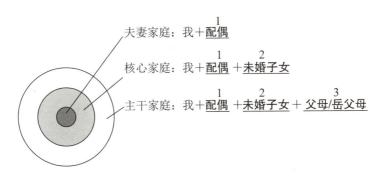

图7-5 家庭结构类型与家人亲疏关系排序示意

面对转岗，该如何寻求家人的理解和支持？

如前所述，对于转岗而言，它的代价主要来自"适应新岗位"，面对的是来自工作性质、形式和内容变化所带来的陌生感，考验的是适应新岗位要求的能力。比如，从以往的不坐班变成坐班，从以往的时间相对自由到时间相对不自由，从以往的偏重教学科研到偏重事务性工作或者党政管理工作。相对而言，由于转岗不涉及换城市和换工作单位，对家庭的冲击比较小。

我的建议是：其一，面对配偶，应该在自己意识到需要面对转岗这种状况的时候就告知对方，和对方共同面对并且就此问题达成一致。可以先请对方理解"不是我不努力，敌人实在太狡猾了"，然后把重点放在一起分析比较可选岗位之间的优劣，以及会对家庭造成什么影响上（比如选择某个岗位就无法每天接孩子放学），对这些岗位进行优先级排序，征求对方的意见和建议，看看哪个岗位更适合自己。其二，等转岗已成定局之后，再把消息告诉子女。可以考虑开个"家庭会议"，父母和子女坐在一起正式宣布这个事情，然后要把重点放在这个事情会给子女带来的影响上，寻求他们的理解。"虎子/紫萱/孩子们，爸爸换工作了……下周开始呀，就得妈妈去接你/你们放学了。好不好？"当然，如果子女太小或者已经去外地上大学了，就没必要再惊动他们了。其三，如果没和父母/岳父母同住，这件事情也不涉及需要父母/岳父母的帮助，那么大可不必正式告知他们。等已经稳定下来了，偶尔视频聊天或者通话的时候顺便提及就可以了。如果和父母/岳父母同住以及需要他们来帮忙的话，那么就需要比较正式地告知他们，坦陈遇到的具体困难，请求得到他们的理解和帮助。

面对跳槽，该如何寻求家人的理解和支持？

如前所述，对于跳槽而言，代价主要来自"摆脱旧单位"和"适应新环境"两个方面。一般而言，跳槽对家庭的影响是要超过转岗的影响的，因此也就更需要得到家人的理解和支持。缺乏这一点，跳槽之路会更艰难，面临的风险和不确定性也会显著增加。对于"摆脱旧单位"而言，牵扯家庭利益最多的部分恐怕是要缴纳违约金；对于"适应新环境"而言，如果不需要离开生活的城市倒还相对简单些，一旦需要举家迁至其他城市，或者需要离开家人，只身前往其他城市工作和生活，必须承认，这都是对家人的严重考验。

我的建议是：其一，要和配偶共同应对这个事情，在彼此尊重、相互信任的基础上尽量争取配偶的理解和支持，最终就跳槽的问题达成共识，并且做好承担代价的心理准备。为了让两个人的讨论有章可循、全面高效，可以准备一张 A4 白纸对折，在纸的一侧写上利好，另一侧写上代价，在充分权衡利弊的基础上做出决定。如果决定跳槽，还要继续商议应对代价的解决方案（比如违约金从哪里出，子女是先留在家乡还是随迁）。其二，一旦跳槽大势已定，还是要召开家庭会议正式宣布一下，把接下来会发生的事情、即将面临的问题向子女——说明，尤其是要把这么做的原因，以及怎样应对和解决面临的问题和子女交代清楚，寻求子女的体谅和配合。如果需要和子女分居两地，记得要经常和子女进行联系。我在省会城市工作和后来在上海做博士后的时候，每周会给女儿寄一封信。其间去江苏省委党校参加培训，因正值秋季，还给女儿邮回去了一箱不同颜色和形状的树叶。其三，对于父母/岳父母，如果不需要他们帮忙的话，最好是两口子一起用比较正式的方式告知他们消息，然后多说利好不提代价，尤其不提违约金，省得他们劳神费心却又无能为力，永远不要把父母/岳父母置于那种境地。而对于确实需要父母/岳父母来帮忙的，如果是父母这边，男方要去私下做工作，如果是岳父母那边，就要女方私下去谈。注意这里说的是"或者"关系，不能同一件事情既让父母帮忙又让岳父母帮忙，后患无穷。需要帮忙的事情如果确实比较多的话，那也是两口子商量好了，做个分工，这几项让我爸妈帮忙，那两项交给你爸妈，然后我去和我爸妈谈，你去找你爸妈去谈。等到全都谈妥了，和父母/岳父母达成共识了，可以带上子女，请父母/岳父母出来一起吃顿饭，男方表达一下对岳父岳母的感谢，女方表达一下对公公婆婆的感谢。至于父母、岳父母是不是要一起请，你们两口子自己商量吧。

最后我要强调的是：能花钱解决的问题，就不折腾父母/岳父母。

要点总结

无论是转岗还是跳槽，得到家人的理解和支持非常重要。在寻求家人的理解和支持的时候，首要目标是要与配偶在充分沟通的基础上达成共识。在此基础上，两个人用比较正式的方式向子女宣布消息、介绍变化以及应对变化的办法，然后把重点放在描述未来的美好图景上。如果不需要父母／岳父母帮助，告知消息、描述利好；如果确实需要父母／岳父母帮助，由男女双方和各自的父母私下请求，等达成共识之后，男女双方再分别感谢一下对方的父母。

Chapter 8
第八章

重规划、避风险,终身学习成大事

本书的最后一章要从高校青年教师向上发展的具体问题中跳脱出来,上升一个维度,从纵览职业生涯全局,展望职业发展前景的角度给出宏观建议。在向上发展的道路上既要做到躬身入局、低头走路,又不忘记展望前程、仰望星空。高校青年教师该如何规划职业未来,避开职业风险?这是本章要重点讨论的问题。

1. 时间其实是站在你这边的

这篇文章，我想从时间维度对高校教师职业生涯做一个全局性的分析。以 30 岁左右博士毕业入职高校成为一名大学老师算起，到男满 60 周岁、女满 55 周岁正常退休，我们职业生涯的时间跨度通常是 25~30 年。而这里的 25~30 年，也就是时间维度之下我们所拥有的职业生涯的"长度"。本书讨论的"向上发展"，说的也就是高校青年教师在这 25~30 年的职业生涯里不断取得新的、更大的职业成就，最终做到自我实现。要搞清楚这个问题，我们先来了解一下高校教师职业发展的三条曲线。

高校教师职业发展的三条曲线

如图 8-1 所示，如果我们以职业生涯为横轴，以职业成就为纵轴，是很容易画出高校青年教师向上发展的示意图的。问题在于，很多人以为向上发展的曲线是图中所给出的实线，然而真实的情况却很可能是图中的虚线——是的，这才是绝大多数高校教师职业发展状况的真实写照。

图示中的实线所给出的，其实是我们大多数人对于职业发展的不切实际的幻想。我们会想当然地认为时间和成就呈正相关关系，我们越努力，这条实线的斜率就越大，也就意味着我们取得的职业成就也越多。是的，这条实线完美而形象地诠释了"一分耕耘，一分收获""吃得苦中苦，方为人上人"的真意，也是这套根深蒂固的"古典成功学"在我们头脑中的投射。然而真实的情况，却往往会是图中的虚线。还记得本书第七章"你无法跨越自己的见识去跳槽"那篇文章里谈到的职业成长曲线吗？入职高校之后，经过一段不长不短，甚至很长时间的适应、积累和反复练习，逐渐变成行家里手，取得一些职业成就，然后大概率上就会进入平原期而很难再有突破，而且随着时间的流逝，恐怕还得接受自己已经开始走下坡路的事实。

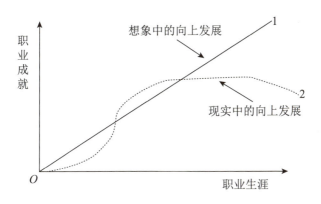

图 8-1　高校教师职业发展的两条曲线

看看我们身边大多数的同事吧，看看那些还不到 50 岁就不再发表论文、申报项目和参评职称晋升的同事，他们早在退休之前的十年甚至更早就选择了"躺平"。他们看淡了事业，转而去追求养生之道、回归家庭生活、周游世界或者吟诗作画、打太极八卦、养猫遛狗……不是说这些不好或者不能做，而是如果我们单从职业发展状况这个维度看过去，大多数高校教师职业发展的后期，就是虚线所呈现出来的那个样子。

好,现在重点来了。我希望此刻正在阅读这段文字的你,你的职业发展曲线会是如图 8-2 所示的样子。请原谅我浪费了宝贵的版面,单独画出一张图示来强调这"第三条曲线"。因为这条曲线实在太重要了——这才是高校青年教师向上发展该有的样子。

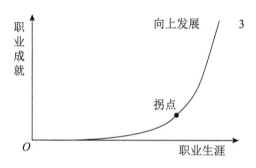

图 8-2　高校教师职业发展的"第三条曲线"

高校青年教师向上发展的"复利曲线"

请认真地、仔细地、聚精会神地盯着图 8-2 的这条曲线。我把这张图放在了自己笔记本电脑桌面的右上角,确保在每次开机的时候都能看到它。这张图所呈现的,就是高校教师向上发展的"复利曲线"。这条曲线的特点在于如下几个方面。

第一,这条曲线的前端是一条平缓的、漫长的,几乎看不到什么希望的曲线。要知道高校教师的工作无论是教学、科研还是带学生,都是非常复杂的创造性劳动,不可能像流水线上的计件工作那样让时间和产出简单成正比。我们往往要摸索多年、反复实践、刻意练习，才终于能取得一些聊以自慰的职业成就。

　　第二，由于这条曲线拐点的到来遥遥无期，所以缺乏耐心的人都早早放弃了。高校教师职业发展前期的时间精力投入在很长时间里是难以看到成效的，难免会让人产生消极怠惰的情绪。近年来的一些统计数据也显示，高校教师是职业倦怠的高发群体。当然从积极方面来看，这也意味着我们的很多竞争对手已经缴械投降，不再构成威胁。

　　第三，如果能保持耐心、持续精进，一旦拐点到来，职业发展前景不可限量。这显然是这条曲线最激动人心的阶段了。什么是"开挂"人生？过了拐点之后的人生就是了。而且我们不必担心拐点到来得太晚而没有时间一飞冲天，只要我们身体健康，就算到了年龄单位也舍不得让我们退休。这样一来，我们职业生涯的绝对长度也是可以被突破的。然后我们会在职业成就的巅峰中功成身退，留下一段传奇，变成一个传说。

启示：让时间站在我们这一边

　　高校教师职业发展的"第三条曲线"能带给我们怎样的启示呢？在我看来，最核心的就是一条，让时间站在我们这一边。25~30年职业生涯的这个时间的跨度，是我们实现向上发展的最大优势。如果你和我一样只是一个普通人，那么这将是我们的唯一优势。那么，怎样做到让时间站在我们这一边，迎接拐点的到来，从而一飞冲天呢？

　　第一，要自信。不是为着现在的自己自信，而是为着迈过拐点之后的自己的样子而自信。要相信这条曲线、信任这条曲线、信仰这条曲线,成为"第三条曲线"的"狂热信徒"。有的人从讲师到副教授用了五年之久,而从副教授到教授却只用了两年。为什么?不是他运气好,更不是评审条件降低了,而是这个人已经迈过了拐点。想想这条曲线,不断用这条曲线来解释成功,相信一切就有这么神奇。

第二,要有耐心。要得到属于我们的职业成就,首先就得能坐得住。本来我们就应该是那个最能坐得住、最有耐心的人,因为我们天资平平,想要抄近道、走捷径,我们做不到。所以,我们索性就拿出最大的耐心,接受自己只能慢慢变强的事实。股神巴菲特的投资哲学之一是"不做选择",他说,要把所有的鸡蛋都放到一个篮子里,然后好好看住。这里说的,也是耐心。

第三,要保持健康。想想这条曲线,活得足够长久,我们的职业成就才能一飞冲天。所以在饮食上,我们要降低热量的摄取,多吃蔬菜水果、豆制品、坚果、蛋类和鱼虾,远离高油、高盐和高糖食物;在作息上,我们要做到早睡早起、不要熬夜,入睡前不要玩手机;在运动上,找到适合自己的运动方式并且一直坚持下去,慢跑、快走、游泳、健身……都是很不错的选择。

第四,要学会管理时间。关于时间管理方面的图书资料很多,可以找到适合自己的贯彻执行。尼尔·埃亚勒在《不可打扰》这本书里谈到的一个观点让我印象深刻。他说,时间管理其实就是痛苦管理。之所以我们无法专注工作,是因为我们主动去寻找干扰,以便能从眼前由工作带来的痛苦中逃离。追剧、刷微博、逛淘宝、发朋友圈,都是逃避痛苦的手段。我们都在时间管理的路上,学会管理时间，才能实现向上发展。

> **要点总结**
>
> 以职业生涯为横轴，职业成就为纵轴，职业发展曲线通常被理解为一条指向右上角的斜线，然而真实的曲线却并非如此，它会在经历平原期之后走向下降。高校青年教师要追求的是职业发展的"第三条曲线"，它是一条平缓而漫长、向右迁移的曲线，当它达到拐点之后开始昂扬向上，一飞冲天。想让职业发展成"第三条曲线"呈现的样子，要自信、要有耐心、要保持健康、要学会管理时间。

2. 要在职业全周期里做正确的事

先说说周期。我们知道，很多事物的发展都具有周期性，而在该事物的发展周期之内，其发展过程也可以被划分为若干个阶段。比如，人要经历生、老、病、死；企业的生命周期会经历创业期、成长期和转型期；马克思在《资本论》中对资本主义经济危机的周期进行了分析，该周期由危机、萧条、复苏和高涨四个阶段共同构成。敬畏周期的存在，理解事物发展的阶段性，懂得事物在不同阶段的不同发展特点，可以帮助我们顺应周期，遵循事物发展的一般规律和基本趋势，做到顺势而为、乘势而上。高校教师的职业生涯也可以被视为一个周期，而我们每位意求向上发展的高校青年教师所要做的，就是在自己的职业全周期里，在职业生涯的每一个发展阶段里,顺势而为、乘势而上。

那么,什么是做正确的事呢?在我看来,就是那些让我们能在职业全周期里持续积累的,不断产生势能的,源源不断带来复利的那些事情。这篇文章,我们就来谈谈高校教师职业生涯的阶段划分以及不同阶段的特点,进而分析每个阶段我们最该做的是什么事情。在职业全周期里持续做正确的事,是高校青年教师向上发展的可靠保障。

高校教师职业全周期的"3+2"阶段划分

关于职业生涯的阶段划分问题,奥美互动全球董事长兼 CEO 布赖恩·费瑟斯通豪在他的畅销书《远见:如何规划职业生涯三大阶段》中,把一个人的职业生涯平均分成三个阶段,认为前三分之一为第一个阶段,是初入职场时期;中间三分之一为第二个阶段,是"创造真正的差异",找到"尖峰点"的阶段;后三分之一为第三个阶段,是优化长尾,发挥自己的持续影响力的阶段。新精英生涯的创始人古典从人的发展维度加以分析,认为职业过程分为生存期、发展期和事业期三个阶段。生存期主要是经济收益导向,发展期更看重能力和资源储备,而事业期则看重的是如何最大程度实现自我价值。

受到两位资深职业生涯规划师的观点启发,结合我自己在高校教师行业近 20 年的经验观察,我主张把高校教师从入职到退休的职业生涯划分为三个"主要阶段",分别是入门期、成长期和爆发期。在此基础上,我认为还要补充两个"辅助阶段",分别是入职前的预备期和退休后（包括退休后返聘）的长尾期。之所以要做这个补充，原因在于：一方面，想入职成为高校教师是需要符合特定条件的，为达到这些条件所进行努力的过程，其实也是在为顺利开启职业生涯做着准备；另一方面，在平均寿命普遍延长、健康程度普遍提高的当代社会，退休之后我们还有相当长的时间去巩固成就、扩大战果、培养学生和发挥传帮带作用。因此，这个长尾期也会是我们职业生涯的必要和有益补充。

总之，这就是我眼中的高校教师职业全周期的五个阶段。如图 8-3 所示，这里直观体现了这五个阶段和前面文章分析的"第三条曲线"的对应关系。

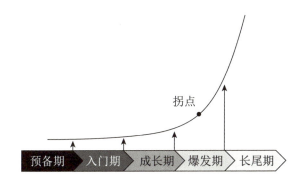

图 8-3　职业全周期与"第三条曲线"的对应关系图示

三个主要阶段：入门期、成长期和爆发期

关于这三个阶段的划分，如图 8-3 所示，我倾向于把迈过拐点、获得"逃逸速度"的那个时间节点之后的阶段称为爆发期，而在这个节点之前的时间做一个大致的平分，前半段可以视为入门期，

后半段可以视为成长期。

入门期，顾名思义，就是刚入职，为未来职业发展打好基础的阶段。这个阶段，在完成适应高校工作环境的前提下，要把更多时间、精力用在"职业基本功"的锤炼上。还记得本书第一章我们介绍过的"五种能力决定了你的职业天花板"吗？在入门期，我们要围绕教学、科研和带学生主要工作任务，努力锻炼、提升和锤炼这五种能力。万丈高楼平地起，打好基础对于我们职业发展的前景有多重要，相信每个人都很清楚，这里不再赘述。

成长期呢，也就是能够非常熟练地、保质保量地完成各项工作任务，并且开始取得一些职业发展上的成就，比如获得了学校组织的青年教师教学技能大赛的二等奖，作为指导老师带领学生参加创新创业大赛取得了省里颁发的优秀奖奖杯，已经有多篇论文在本专业的核心期刊发表，还获批了省部级乃至国家级的科研项目，出版了个人学术专著，拿到了多项专利。在成长期，除了按照职称评审条件做好各项规定动作之外，应该把重点放在"代表性成果"的取得上。比如拿到了所在省的高校青年教师教学技能大赛的一等奖；在自己深耕专业方向的权威期刊上发表论文或者论文被《新华文摘》全文转载；取得了自己研究领域之内某项关键技术的突破；等等。

可以把自己职业生涯中的第一个代表性成果的取得视为到达"第三条曲线"拐点的标志性事件，迈过这个点，职业生涯的爆发期也就到来了。这一阶段，既要保持谦虚谨慎，不要骄傲自大，又要富有野心，敢于向着浪潮之巅发起冲锋，比如《科学》《自然》《柳叶刀》《中国社会科学》，比如国家自科/社科基金重大项目，比如各种国家级的学术头衔和人才支持计划项目。享受成长的喜悦，相信成长的力量。

两个辅助阶段：预备期和长尾期

结合高校教师的职业特点和成长规律，这两个辅助阶段也是我们向上发展必不可少、不可或缺的阶段。一方面，预备期完成的好坏，将决定我们以怎样的姿态入职。准备的好与坏，入职的起点会有大不同。预备期完成得非常好，会为入职积累势能，别人十八线城市地方专科院校入职，我们就可以一线城市"985""211""双一流"高校入职。职业起点的不同，在很大程度上源于预备期的条件准备不同。为了以高能量姿势入职，我们的求学之旅要认真对待，好好规划。要知道我在临近40岁去上海的一所高校做博士后的时候，一位比我小7岁的哈佛大学毕业回来的博士直接就是以正教授的身份入职这所高校的。这差距，简直触目惊心。

另一方面，长尾期对于我们巩固成就、扩大战果、培养学生和发挥传帮带作用而言都具有非常积极的作用。退休并不是职业生涯的结束，当我们不再成长、放弃努力的那一刻，职业生涯才结束。从这个意义上说，有的人虽然还在职在岗，但其实他们的职业生涯已经结束；相反，有些人虽然已经不在职在岗，可他们的职业生涯还在延续，甚至还在开疆拓土，再创辉煌。

> **要点总结**
>
> 高校教师要在自己的职业全周期里，在职业生涯的每一个发展阶段里，顺势而为、乘势而上。可以把高校教师从入职到退休的职业生涯划分为三个主要阶段，分别是入门期、成长期和爆发期。此外，还要补充两个辅助阶段，分别是入职前的预备期和退休后的长尾期。要在职业全周期里做可以持续积累的，不断产生势能的，源源不断给职业成长带来复利的事情，做正确的事。

3. 热爱本身就是最好的犒赏

在之前的更多时刻里，我都是以积极正向的方式来进行写作的，这也是我一贯秉持的对待职业、人生乃至世界的态度。然而这篇文章，我想从一个不那么美好的现实出发来展开讨论：其实我们都很难逃脱失败的命运。接下来的问题就是，如果终将失败，我们该怎么办？

为什么我们难逃失败的命运？

无论从概率统计还是从理性分析上看，我们都难逃失败的命运。为什么？先看概率统计。股市是"七亏二平一赚"，创业是九死一生的坚持。而近年来越来越多的统计数据表明，它们两者的成功概率都被大大高估了。回到高校教师向上发展的问题，目前很多省部级科技／社科优秀成果奖项的获奖比例不到 5%，SCI、SSCI、CSSCI 期刊的平均录用率不会超过 1/10，国家社科基金项目的中标率不超过 1/8，拥有正高级职称的人在全国高校专任教师之中的整体占比也在 1/8 左右。基础概率就这么明晃晃地摆在眼前，成功是小概率事件。

再来看理性分析。失败几乎是必然的，因为我们的抱负永远走在能力的前面。彼得定律告诉我们，组织会将一个人提拔到他不能胜任的岗位上去。道理其实很简单，大量的案例也在支持这个定律：因为一个人只要胜任某一级的岗位，他就有机会被继续提拔，直到最终不能胜任为止。彼得定律更像是一种成功者的诅咒，每个成功者都在不断追求更大的成功，如果他能理智地将自己的抱负拉低到和自己的实力持平，他就不是成功者了。

所以，我们每一位想要向上发展的高校青年教师都不得不面对这样一个问题：如果终将失败，我们该怎么办？

一个案例：史铁生朋友的故事

史铁生在《我与地坛》里讲述了他一位朋友的故事。这个人坐过几年牢，出狱后找到一个拉板车的工作，终日辛苦奔忙，勉强维持生计。而他唯一的爱好就是长跑。那些年，他经常去地坛练习长跑。他每跑上一圈，史铁生就为他记下一个时间。他每次要绕着这个园子跑上二十圈之多，距离应该超过两万米了。然后他就去报名参加了春节举办的环城长跑比赛。那一次，他在比赛中跑出了第十五名的好成绩——要知道，跑进前十名的选手照片都挂在长安街的新闻橱窗里了,这是非常好的成绩。

史铁生的这位朋友对自己非常有信心,继续练习。第二年,他跑了第四名,可这次新闻橱窗里只挂出了前三名的照片。他没有灰心,继续练习,加倍努力。第三年,他发挥得不理想,跑了个第七名,这次橱窗里挂了前六名的照片,大好的机会就这么错过了,他有点责怪自己。到了第四年,他如愿以偿跑进了前三,可橱窗里面居然只挂了第一名的照片。他依然坚持着,第五年,终于跑出了第一名的成绩,然而这次在橱窗里,只是挂出了展现环城长跑比赛场景的群众照片,而且这张照片里也没有他的身影。

到第六年了,他最后一次参加了春节环城长跑比赛,不仅拿到了第一名,还打破了这个比赛的纪录。然后一位专业长跑运动队的教练走过来对他说:我要是能在十年前发现你就好了。他苦笑了一下,什么也没说。只是后来把这个事情原原本本、平平淡淡地给史铁生讲了一遍。那一年,他 38 岁。

如果终将失败,我们该怎么办?

的确,史铁生的这位朋友的故事很让人唏嘘不已,然而我却很羡慕他。生活如此沉重,也没能阻挡他练习长跑的脚步。而且,他一直在做着自己擅长且热爱的事情,目标明确,并且在追逐目标的过程之中,一次又一次地超越了自己。至于说排名第几,自己的照片是否被挂进长安街的新闻橱窗里,以及自己的才能是否被专业教练发现,真的有那么重要吗?目标本身才最重要,保持热爱才最重要,向着目标奋力前行的样子才最动人。至于这个目标能否实现，得之我幸，不得我命，其实没什么好遗憾的。从史铁生的这位朋友这里，我获得三点启示。

第一，目标能否实现没那么重要，重要的是要有目标。古罗马斯多葛学派的代表人物塞涅卡曾说过："如果我不知道自己要驶向哪个港口，就没有任何风向适合我。"越早树立职业发展目标，树立的目标越适合自己，就越能赋予我们的职业生涯以方向感。"有目标"的价值在于，它能赋予高校青年教师的职业生涯以一个明确的方向，从而指引我们一路高歌猛进。有目标指引和缺乏目标指引的高校教师之间的差别有多大？说得夸张点，基本就是天壤之别了。

而且，经由前面的讨论，基础概率和理性分析结果都表明"目标能否实现"这一问题的答案其实并不乐观。以至于树立职业发展目标的价值更多是体现在实现目标的过程之中，至于目标能否真正实现，我们反而要以平常心去对待。那些"成功鸡汤学"所鼓吹的"只要怎样怎样就一定可以达成所愿"的说辞，都是不靠谱的，认清这一点并不一定让人快乐，却能让人保持清醒。如果对这个话题感兴趣的话，可以去阅读英国著名个人规划大师布莱恩·梅恩的《目标的力量》，应该会有非常多的启发。

第二，世界是否值得热爱不重要，重要的是要选择热爱。被认为是当代中国具有原创思想的哲学家赵汀阳老师出版过一本颇为"硬核"的学术著作：《坏世界研究》。赵汀阳指出，人类社会面临两个根本困境：其一，资源有限；其二，人性自私。只要这两个困境不变，人与人之间就一定会是霍布斯所说的"一切人对一切人的战争"，这世界就只能是坏的。很遗憾，从霍布斯跨越三百多年的人类历史到现在,资源依然有限,人性常常是自私的。然后,我们在认识这世界"坏"的本质的过程之中,也逐渐实现了"我与世界"关系从理想主义向现实主义(甚至实用主义)的蜕变。

好在,罗曼·罗兰给出了理想主义和现实主义之外的第三种选择,他说:"这个世界上只有一种真正的英雄主义,那就是在认清生活的真相之后,仍然热爱它。"热爱从来不是被这世界赋予的,也不是被这世界的"好"所感化来的,它只是我们自己的选择。热爱不是一种性格特征,而只是一种态度选择。世界是好还是坏、是否值得热爱,这个问题本身并不重要,懂得选择权一直在我们每个人自己的手中,就已足够。别等到这个世界"好"起来了才去热爱,事实上,这个世界会因为我们的热爱而变得美好。我们所从事的工作,我们的整个职业生涯,又何尝不是如此呢?

第三,明确目标,享受过程,保持热爱,活在当下。以怎样的方式来度过我们的职业生涯?理想的状态应该是:被自己规划设计的职业发展目标所激励,享受"怕什么真理无穷,进一寸有一寸的欢喜"的职业成长过程,保持对高校教师本职工作的热爱,并对发生在职业场景之中的此时此地的内心体验有觉知、有掌控。打个比方,以登山运动来形容上述内容中的要点,那就是要设定登顶的目标和制订登顶的规划,之后享受执行登顶规划的整个过程,保持对于登山这项运动的热爱,以及在登山的当下拥有欣赏美景、感受幸福、体会喜悦的能力。如此一来,不管我们的职业发展目标能否实现,这种享受过程的心态,保持热爱的态度,以及活在当下的能力,就已经让我们收获满满了。

> **要点总结**
>
> 无论从概率统计还是从理性分析上看,失败都是高校教师职业发展中的常态。如果职业发展目标未能实现,该怎么办?①目标能否实现没那么重要,重要的是要有目标;②世界是否值得热爱不重要,重要的是要选择热爱;③明确目标,享受过程,保持热爱,活在当下。

4. 靠谱是职业发展的助推器

上面那篇文章更多讲的是一种"心法",说的是如果职业发展目标未能达成,我们也终将难逃失败的命运,那么应该怎样修炼心性、保持定力。这篇文章让我们回到"实操",同时也以一种更加积极的态度来看看怎样通过执行层面的努力,助推我们的职业发展。观点我已经写在文章的标题之中了——靠谱是职业发展的"助推器"。如果觉得自己在职场没有什么优势也很难获得发展,那么,强烈建议你从靠谱开始,先让自己成为一个靠谱的人。

什么是靠谱?

我们先把"靠谱"是什么意思搞清楚。"靠谱"是个现代流行词,流行到什么程度呢?就是一旦我们开始接受并使用这个词之后，就很难再用其他词来替换它了，以至于每每怀疑，自己在使用这个词之前，这个意思都是如何表达的。靠谱是典型的北京话，读的时候要把那个"谱"字加儿化音，读作"谱儿"。至于说到它的意思，就是和"离谱"相对，是离谱、东北话里的"不着调"的反义词，表示可靠、可以信任、值得托付。

为了更好地理解"靠谱"以便指导我们的行动，我打算再做点延伸思考，对靠谱这个词做一个"结构—功能"意义上的分析。靠谱对于外部世界，其实是一种印象管理，是一种管理和控制他人，让他人对自己形成靠谱印象的过程。说白了，也就是让他人看起来很靠谱，给他人留下可靠、可以信任、值得托付的良好印象。靠谱对于内在世界，其实是一种自我塑造，也就是我们常说的"自律"，是社会个体围绕靠谱这一特质而对自己的目标、思想、心理、态度和行为等进行塑造的过程。说白了，也就是把靠谱内化成自己的心理倾向、价值取向和行为模式。除非真正成为一个靠谱的人，否则我们靠谱的"人设"早晚都会崩塌。

由此，如图 8-4，可以用这样一张图示来呈现靠谱的结构与功能，以及该如何让自己变得靠谱。

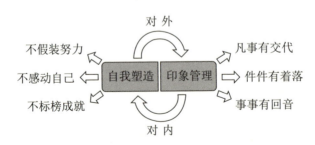

图 8-4 靠谱的"结构—功能"与要点图示

印象管理：凡事有交代，件件有着落，事事有回音

如何以靠谱的形象示人，让别人知道我们是个靠谱的人呢？说起来十分简单，正如我在本书第二章"'半吊子'拎不清理想和现实的关系"那篇文章中提到的那样，要做到：凡事有交代，件件有着落，事事有回音。其实稍稍分析一下就会发现，这里强调的是要让工作形成闭环，而不是有去无回，不了了之。

比如，系主任布置了一项任务，让你协助她把系里九位老师的教学任务书在本周五下班之前收取一下，然后特别提醒到，记得让各位老师一定要在任务书上签字才行，不签字视为未交。如果你接下了这项任务，就要努力让工作形成闭环。你可以先在微信群里发一条群公告通知到每位老师，提醒大家时间地点和注意事项，并要求看到公告的老师回复"收到"。到了第二天还没有回复的，可以私信或者打电话过去单独提醒告知一下。如果有老师表示在外地开会或者在医院照顾老人等无法在规定时间提交任务书，可以做个统计，统一给系主任回复下情况并征询她的意见。最后到了截止时间，把所有任务书整理好交给系主任，如此这般告诉她：

刘主任，这是目前咱们系八位老师交过来的任务书，我已经检查过，他们都签好字了，您放心。其中张老师，他父亲在医院做了个手术，他陪床不方便来系里，我呀昨天晚上就跑了一趟医院，去看望了一下老爷子，顺便把张老师的任务书取回来了……嗯嗯，对对，老爷子恢复得挺好，没啥事儿。现在咱们系就差赵

老师了,她在成都开会,说是这个周六下午的飞机回来,等下周一吧,一上班我就再和她联系……对对,到时候我再给您带过来……没事,看您说的,这不就是举手之劳嘛!您客气了,嗯嗯,好嘞,那我先回办公室了,您有啥事随时找我。

怎么样,看到了吧,这就叫靠谱。

自我塑造:不假装努力,不感动自己,不标榜成就

想要把靠谱内化成我们的心理倾向、价值取向和行为模式,进行内在世界的自我塑造,至少需要做到如下三点:不假装努力、不感动自己、不标榜成就。我们一个一个来看。

第一,不假装努力。先说说假装努力,这个事情就清楚了。所谓假装努力,就是用看起来很努力的表象,掩盖无所作为的真相。比如,有的人热衷于下载自己学科研究领域内的学术论文,搜集该领域的各种文献资料,然后不厌其烦地把这些论文和资料分类编码,保存在电脑硬盘的不同文件夹里。每每这么做的时候,他们会幻想某一天这些文献能支撑自己成就一番伟业,但是时光飞逝,迟迟不见他们的行动。这就意味着,他们是在用下载和分类这种简单劳动来逃避真正的科研产出工作,同时享受一种"我正在努力"的快感。说得直白点,他们其实是在用努力工作的行为艺术,来掩饰自己正在偷懒,甚至正在享受生活的真相。因此,假装努力是在欺骗自己,不利于职业发展,怎么看怎么不靠谱。

第二，不感动自己。也是同样，说说自我感动是件多么不靠谱的事情，我们就能明白为什么不能追求感动自己了。王小波在《人性的逆转》里说过这样一句话："人是一种会骗自己的动物，我们吃了很多无益的苦，虚掷了不少年华，所以有人就想说，这种经历是崇高的。"自我感动所体现的，是一个人对自我认知的偏差。他们沉浸在自己的世界里，以为自己吃过的苦、遭过的罪可以感天动地。他们喜欢用一种"自虐"的方式来制造出一种虚假的勤奋，然后在成功迟迟没有到来的时候哀叹自己的生不逢时和怀才不遇，从而让内心获得满足和安慰。自我感动是一种精神鸦片，于事无补地苦苦坚持被自己美化成英雄末路、美人迟暮。最后让自己成为别人眼中的那种"可怜之人必有可恨之处"的人。靠谱的人，不该追求自我感动。

第三，不标榜成就。还是从反面来说。那些不断标榜自己的人，都会显得非常不靠谱，对不对？而一个人一旦显得不靠谱，那他们就的确是不靠谱的。这个论证过程是这样的：哪怕是一个不靠谱的人在职场也要尽量装作很靠谱的样子，因为这样对他/她有利。因此，如果一个人已经通过不断向别人炫耀和夸奖自己的方式来展现自己的不靠谱了，我们还能期待他/她是个靠谱的人吗？这个道理比较浅显，这种错误相对于前面的两种其实也很容易避免，所以就不再赘述。

要点总结

所谓靠谱，就是可靠、可以信任、值得托付。对于外部世界而言，靠谱是一种印象管理，是给他人留下可靠、可以信任、值得托付的印象；对于内在世界而言，靠谱是一种自我塑造，是把靠谱内化成自己的心理倾向、价值取向和行为模式。靠谱是高校青年教师职业发展的助推器。一个靠谱的人，在印象管理方面要做到凡事有交代，件件有着落，事事有回音；在自我塑造方面要做到不假装努力，不感动自己，不标榜成就。

5. 软能力是对抗职业风险的"压舱石"

这篇文章我们来谈职业风险，以及怎样对抗这种风险。

无论是否真正意识到，其实我们每个人进入职场之后，职业风险就会如影随形。职业生涯就是一场驾驭职业风险的旅程，能否驾驭，驾驭得好与坏，不仅影响职业发展的走向，也决定了我们职业生涯将以何种方式落幕。没有风险意识，就好比拿着火把穿过火药库，等于是把自己的全部职业生涯都交给了运气，这就太鲁莽了点。职业风险我们时时都得面对，处处都要提防，而软能力就是我们应对职业风险的工具箱里最重要的工具。

职业风险的三个层次

让我们先来看看什么是职业风险。按照巴菲特的观点，风险就是投资损失的可能性。他指的自然是投资的风险，但这个道理却对我们理解风险普遍适用。把"投资"替换为我们投入职业生涯的各种成本，职业风险的定义也就呼之欲出了：它指的是我们在职业生涯中遭遇损失的可能性。

了解了定义，我们再来看一下职业风险的构成。正如每个人一来到这个世界就要面对无穷无尽的风险那样，每位进入职场的人也要面对各种各样的职业风险。从风险是否为我们所知道的角度加以区分，可以把职业风险分为三个层次，分别是一阶风险、二阶风险和三阶风险。如图 8-5 所示，这里给出了高校教师所面临的三阶职业风险的图示。

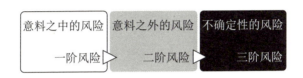

图 8-5　高校教师三阶职业风险图示

首先是一阶风险，就是那些我们意料之中的风险。比如上课有风险，一旦迟到早退，或者讲了很多与教学内容无关的内容，甚至走错了教室、讲错了课程、忘记了去上课，就有被通报批评、扣除一定数额的工资绩效、年终考核失去评优资格、当年或几年内不允许参加职称评审等的可能性。同样的风险也存在于监考、阅卷、学生指导、论文写作、项目申报等工作之中。对这个层次的风险进行评估的话，主要包含三个方面：其一，风险发生的概率；其二，因为风险事件发生而遭遇损失的概率；其三，如果遭遇损失，损失的程度如何。

接下来是二阶风险，就是那些我们意料之外的风险。这个层次的风险偏离了我们的预期，超乎了我们的意料。比如职称评审政策调整的风险。我们按照现行职称评审条件进行了积极的努力和充分的准备，结果快到评审职称的时候突然来了新的文件，增加了一些限制性条件；或者宣布受到某种影响，当年的职称评审工作暂缓，何时开始另行通知。类似情况还包括所在单位被整体并入其他高校或科研机构；学校进行学科优化调整而导致所在专业不再招生，所在系部被取消，教师被分流至其他系部；体检发现重大疾患，健康状况或经治疗后无法再从事本岗位工作等。这个层次的风险发生概率非常低，但损失程度往往比较高。

很不幸，还有三阶的风险在等着我们。这个层次的风险是那些我们对其知之甚少甚至毫不知情，因此也就无法形成预期的风险。"不确定性"所描述的，正是这个层次的风险。一阶风险是在意料之中的。二阶风险是在意料之外，但好歹还有个意料。三阶风险则是连该意料什么都不知道的那种风险，如果非要举例说明（不一定贴切）的话，比如，人工智能的发展会不会让高校教师这种职业从此消失？比如外星人会不会造访地球从而引发星际战争，以至于人类要面临灭顶之灾？

软能力：职业风险的系统化应对方案

经由前文介绍，相信你已经意识到，职业风险是高校教师无法逃避的一种宿命般的存在了。那么，我们该如何应对职业风险呢？我的建议是，既然职业风险是可能的、伴生的、多阶的，我们就一定要拥有系统化、全局化、常态化的应对风险的能力。鉴于这些能力相对于从事高校教师职业活动的刚性能力，比如语言能力、写作能力、沟通能力而言都是柔性的，我把它们统称为"软能力"。作为我们应对职业风险的工具箱里最主要的工具，软能力主要包括对职业风险保持敬畏之心的能力、拥有统计思维和概率分析的能力、践行多元化职业发展策略的能力以及健康饮食与生活方式的养成能力。

第一，对职业风险保持敬畏之心的能力。保持敬畏真的是一种能力，尤其对于初入职场、自命不凡，想要成就一番伟业的年轻人而言。认知心理学里有个有趣的现象，几乎所有人都认为自己在各个方面要超出平均水平。比如，绝大多数人认为自己的颜值属于"中等偏上"；再如炒股"七赔二平一赚"，然而绝大多数人认为自己属于那"一赚"。每个人都觉得自己运气会更好，学习能力会更强，直觉要更敏锐……然而真相却是，别人也是这样认为的。所以，放弃幻想，接受自己是个普通人很重要。接受自己是个普通人，容易帮我们对职业风险保持敬畏。明白了无常，就不会过分张扬。

第二，拥有统计思维和概率分析的能力。这该是我们应对职业风险的工具箱里最为重要且最为直接的工具了。之所以把它排在了第二的位置，完全是因为如果我们缺乏敬畏之心，这个工具就无法被启用。统计思维对应对职业风险之所以有用，是因为它能帮助我们建立可用的模型，度量风险，合理决策。面对一阶风险，统计思维能帮我们形成寻找风险基础概率的思维定式，通过量化分析做出更为精细的决策；面对二阶风险，统计思维给我们提供了一套方法论，只要多次重复形成频率的，就可以用这套方法论透过已知洞察未知；面对三阶风险，统计思维也可以给我们提供

"贝叶斯推断",引领我们穿越完全陌生的领域。而概率分析则是把统计思维落地的操作方法。

第三,践行多元化职业发展策略的能力。多元化一直以来被视为对冲风险的最优策略之一。记得一个故事里是这么讲的,一位母亲有两个儿子,大儿子是卖雨伞的,二儿子是卖太阳镜的,于是,每当晴天的时候母亲就担心大儿子的生意赔钱,每当下雨的时候母亲就担心二儿子的生意赔钱。那么怎么办呢?让两个儿子都既卖雨伞也卖太阳镜,这样无论晴天雨天,两个儿子就都能赚钱了。我们常说的"别把鸡蛋放在同一个篮子里",说的也是这个道理。以我为例,除了正常的教学、科研、带学生之外,我还写店面书(比如现在这一本),运营着自己的一个有着10万名用户的公众号,在荔枝微课 App 上申请开通了自己的直播间来讲授科研成长类课程,并且开始尝试用"多元分散""永久组合"的方式进行投资。多元化的职业发展策略可以帮我们对冲来自单一维度的职业风险。

第四,健康饮食与生活方式的养成能力。高校教师从事的是高强度脑力工作,身体和心理面临的压力也比较大。近年来,知名学者、优秀教师英年早逝的新闻并不罕见。因此,我们需要注意防范来自身心健康方面的风险。留得青山在,不怕没柴烧,养成健康饮食与生活方式不仅有助于保持身心健康,也有助于我们拥有强健的体魄、旺盛的精力,去抵抗来自其他方面的职业风险。

> **要点总结**
>
> 可以把高校青年教师的职业风险分为三个层次，分别是意料之中的一阶风险，意料之外的二阶风险和来自"不确定性"的无法预知的三阶风险。软能力是高校青年教师应对职业风险的主要工具，它包含四种能力：①对职业风险保持敬畏之心的能力；②拥有统计思维和概率分析的能力；③践行多元化职业发展策略的能力；④健康饮食与生活方式的养成能力。

6. 成就大事业，需要小窍门

高校青年教师的向上发展是在鸿鹄之志驱使下进行的贯穿职业全周期的宏大事业，也是我们每位职场中人用自己的热情和能量谱写的壮美诗篇。但是这里有个问题：其实每个人来到这个世界，都是梦想能够成就一番伟业的。然而梦想不等于现实，想到也不等于做到。这世上的绝大多数人最后还是走上了平庸的道路，成为自己年少时痛恨的那种人，平平淡淡过此一生。平凡没有什么不对的，普通也不等于就不好，否则我们就是在和这世界上的绝大多数人为敌，搞不好哪天蓦然回首，发现我们也是在和自己作对。平凡和普通，远比辉煌和壮丽更接近人生的真相。所以当我们接受自己的平凡和普通的时候，我们也就和自己和解了，和这个世界和解了。

所以放下这本书，洗洗睡吧——除非，你还想再挣扎一下，你不甘心，你想改变。这篇文章，我想谈谈成就"大事业"所需要的"小窍门"。回答一下怎样把锦绣前程和繁碎现实联结起来，让梦想照进现实，真正指引我们脚踏实地往前走。就算最后梦想落空（大概率事件），我们至少能像维特根斯坦的墓志铭上刻的那样，"告诉他们，我度过了很好的一生"。我要谈六点小窍门，如图8-6所示，分别是做备忘、订计划、管情绪、调心态、去执行、看全局。

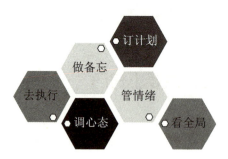

图 8-6　成就大事业的六点"小窍门"图示

做备忘：白纸黑字比"记性"更靠谱

外出的时候，记得随身携带纸和笔；在家或者在教室、会议室、办公室的时候，确保手边随时能拿到纸和笔。这样一来，无论是突然有了灵感和想法，或者在讲课的时候举出一个好例子，或者单位通知什么时间要开什么会议、填什么表格、报什么材料、取什么文件、监什么考试……都能随手就记录下来。做备忘的最大好处自然是不容易忘记，因为好的想法总是稍纵即逝的，另外很多事务性的工作做了也就做了，无关痛痒，一旦忘记就有可能面临很大风险，比如忘记去监考。做备忘的第二个好处是我们可以专注于更重要的事情而不必一直受到这些噪声的干扰。脑子里装着三个会议四个表格五份材料六个文件七次监考……那就不是脑子了，成了垃圾桶了。

纸，我一般是选择一小沓便利贴。至于大小、颜色、款式这些，由着自己的性子去选就好。现在市面上的便利贴太多了，总有一款/多款适合你。笔，我选择的是那种黑色 0.5 毫米的中性速干笔，随时写下来装在口袋里，也不必担心字迹模糊或者蹭脏衣服。

订计划：通往锦绣前程需要拾级而上

再美好的梦想也要一步步实现。订计划，其实就是制定指引我们去往梦想的阶梯。有了计划，我们要做的就只是在规定时间完成规定动作，拾级而上，这样再远大崇高的梦想迟早有一天可以进入我们的射程。我做计划的原则是"以终为始"，倒推回来规划每一年、每个月、每周要做什么。比如，在 2003 年年底转岗去地方本科学院成为大学老师之后，我制订了"十年规划"，希望自己能在十年之内从当时的学士获得博士学位，从当时的助教评上教授。然后我把这个目标拆解成论文写作、教学工作、外语学习、专业备考等多个维度，后来随情况的变化和时间的推移又细分和增加了其他维度。我是在 2012 年 7 月拿到博士学位的，在 2015 年 7 月评上教授、年底聘任的。虽然和自己预计的时间有所出入，但这份计划终究还是让目标变得有章可循，稳步推进。落实到"周"而不是"天"也不是"月"的原因在于，星期的颗粒度比较适中，不会因为过分执着于每天的任务而痛恨自己的无能，也不会因为"反正还有一个月"而姑息自己，前松后紧，计划完成质量严重滑坡。

这里还有个小技巧，就是不论长期规划还是每周计划，可以打印出来贴在冰箱门上"昭示天下"。这样做的好处是容易形成外部监督，逼迫自己硬着头皮也得去执行。别怕被家人笑话，一个是家人怎么可能会笑话你，另外如果你很不幸，家人确实笑话你了，也别忘记一句话："不被嘲笑的梦想是不值得去实现的。"图 8-7 是我现在使用的月度工作计划 & 进度表的模板，每个月第一天我都会把这个模板打印出来，填好内容，然后贴在我家的冰箱门上。看看是否对你有所启发。

在表格中❶、❷、❸、❹、❺的位置，可以写每周任务的进展和完成情况；❻的位置可以写本月的工作计划；❼的位置可以画一条曲线（还记得这条曲线吗？高校青年教师职业发展的"第三条曲线"）来激励自己向上发展；❽的位置可以写几条重要而不紧急的事项来提醒自己，比如我写的是每天跑步、蹲起、卷腹；❾的位置可以作为"备忘"，写一下上个月遗留的任务或下个月即将开始的任务。

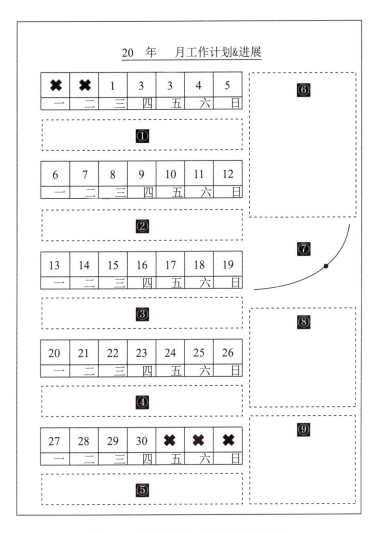

图 8-7 老踏的月度工作计划 & 进度表

管情绪：像"骑象人"那样思考行动

在高校教师向上发展道路上，除了会遭遇各种失败打击之外，还要面对来自坏情绪的干扰。职场中能够触发坏情绪的事情实在太多，以至于由失败所带来的坏情绪只占其中很小的比重。由此，做好情绪管理是维持身心健康、实现向上发展的必修课。在这方面，积极心理学家乔纳森·海特的《象与骑象人》为我们提供了一套极富价值的解决方案。坏情绪就好比是我们内心的大象，而负责情绪管理的理性则是我们内心的骑象人。一方面，坏情绪这头大象很难被骑象人驯服。长期进化的结果使得我们天生就对坏消息更为敏感，对损失更为厌恶，丢失一百块钱带给我们的悲伤要远超得到它所获得的幸福。这种机制有助于物种生存，却使我们更容易陷入坏情绪之中；另一方面，负责情绪管理的理性骑象人也不是完全没有作为，培养良好的人际关系、投入自己热爱的事业、寻求超越个人利益和自我意义的目标，可以让我们摆脱坏情绪的干扰，获得源源不断的幸福。

想获得更多情绪管理方面的建议，推荐阅读《象与骑象人》。

调心态：积极正向的心理暗示不能少

我们都知道世界是客观存在且不以人的意志为转移的，然而有大量的心理学研究结论表明，每个人其实都生活在自己内心投射的"镜像世界"里。当我们认定世界就是尔虞我诈、乌烟瘴气的时候，这个世界就会把这样的样貌展示给我们看。这个事情背后的道理其实很简单，不管我们持有怎样的心态，我们都很容易在这世界里找到支撑这种心态的理由。因为不符合我们预设的内容都被我们过滤掉了。选择性遗忘或者忽视，使得我们只能生活在自己内心所投射的那个世界里。世界到底好不好，反而没那么重要。当我们认定世界是好的，世界才会以"好"的方式来回馈我们。

于是，调整好心态，不断进行积极正向心理暗示的价值也就体现出来了。聚焦在职业发展的问题，心态在很大程度上决定了我们如何看待这份工作、这个职业以及高校教师的行业。心态不同，看法不同，我们的职业发展前景也会大不相同。

去执行：每天雷打不动写至少 500 字

再次强调一下，科研写作能力对于我们的职业发展而言至关重要，而这种能力是在写作中获得的。当我意识到这个问题之后，每天雷打不动，逼着自己科研写作至少 500 字。蓦然回首，这么多年的自我逼迫成就了我，成为我个人职业发展的捷径。现在我把这个"小窍门"推荐给你：每天科研写作 500 字。一天只要写出 500 字就可以，一点压力都没有，对不对？而时间会让这每天的 500 字大放异彩。想想看，每天 500 字，一个月下来就是 1.5 万字，一篇高质量学术论文就出来了。这样坚持一年，我们就能写出 12 篇高质量的论文，会不会有点神奇？然后，把这些论文像乐高积木那样进行拆分和重新搭建，一部 18 万字的专著也就诞生了——而且是有前期研究成果支撑的，经过系统化思考形成的高水准专著。再想想看，如果我们这样坚持三年、五年、十年，又会是什么景象，又将是怎样的一番天地？而每天 500 字，是很容易的。

看到、想到、说到，都不如做到。窍门已然摆在眼前，去执行才是向上发展的唯一法宝。

看全局：别指望"等我评上教授以后"

很多人对职业最大的误解就是只把它视为一种谋生的手段和单纯的生计来源。他们往往会说，这不是我喜欢的工作，我只是没办法。等我涨工资了就带女儿去迪士尼乐园，等我拿到国家自然科学基金面上项目就去周游世界，等我评上教授我就可以做自己真正喜欢的事了。有这种思维方式的人，是把职业发展从自己的家庭责任、愿望追求、兴趣爱好，进而也从自己的人生中割裂出来，让职业成为一种异己化的存在。殊不知我们的人生就是由"眼前的苟且"和"诗和远方"共同构成的，真正的智者懂得把握全局，让眼前的"苟且"变成诗和远方，也让诗和远方随时照耀现实。

不要割裂，要看全局。要看到职业发展对于我们人生的意义，把它纳入我们的人生之中做通盘考虑。想带女儿去迪士尼，这个周末就可以安排。想去周游世界，现在就开始攒钱，明年暑假就可以出发。兴趣爱好，更是随时随地就可以开始。生活不是单打一，人生不止一面，统筹考虑，系统化思维，全局性推进，才是真正掌控人生的智者。

> **要点总结**
>
> 要想让理想照进现实，获得职业生涯向上发展的不竭动力，可以遵循如下六点小窍门：①做备忘，白纸黑字比"记性"更靠谱；②订计划，通往锦绣前程需要拾级而上；③管情绪，像"骑象人"那样思考和行动；④调心态，积极正向的心理暗示不能少；⑤去执行，每天科研写作至少五百字；⑥看全局，别指望"等我评上教授以后"。

7. 没有终身学习的意识就别奢谈未来

在本书第一章的"五种能力决定了你的职业天花板"那篇文章中我曾强调，"没有学习能力，我们就没办法跟上时代的步伐，也就难以胜任高校教师的工作……学习能力距离高校教师的本职工作最远却又最具价值。因为学习能力是能力背后的能力，是一种'元能力'"。在本书的最后一篇文章中，让我们再次回到学习的话题，结合职业生涯规划和职业风险规避的问题谈谈终身学习的价值，以及拥有终身学习能力、保持终身学习姿势的战略意义。

终身学习：知识爆发时代的高校教师"求存"策略

传播学之父威尔伯·施拉姆有个非常著名的比喻：如果把人

类 100 万年的历史比作一天的 24 小时,那么直到这一天的晚上 11 点 53 分,也就是这一天的最后七分钟(距今约 3500 年),文字——这种被记录下来的知识才真正得以出现。从这"最后七分钟"开始,人类实现了知识的大爆发。到了临近午夜前 19 秒,第一次工业革命到来,科学技术领域的发明创造突飞猛进,人类文明最终以现今时代的样貌展现在世人面前。

知识大爆发的表现,一方面是知识生产本身发生的诸多变化;另一方面是现代信息技术对知识传播的加持与放大。就前者而言,人类知识总量的翻番速度在 20 世纪初约为 30 年,到 20 世纪中叶缩短为 20 年,到 20 世纪 80 年代则只需 3~5 年。据美国著名管理与信息技术专家詹姆斯·马丁的测算,2020 年的人类知识总量甚至达到每 73 天翻一番的空前速度。与之相伴随的,是知识生产质量的良莠不齐、知识生产渠道的去中心化、知识内容的碎片化和知识形态的多元化;就后者而言,现代信息技术包括微电子技术、光电子技术、通信技术、网络技术、感测技术、控制技术、显示技术等,能够对以声音、图像、文字、数字等形态存在的知识进行获取、加工、处理、储存、传播和使用。与之相伴随的,是知识传播的开放性、自组织性和去中心化特征得以突显。知识生产的爆发与知识传播的爆发两者交相辉映、相映成趣,共同构成了我们置身其中的知识爆发时代主旋律。

知识爆发时代的到来及其加速发展对于高校教师职业带来的挑战显而易见,甚至构成了某种生存危机。结合高校教师教学、科研和带学生这三项主要工作来看,这些挑战主要表现在:其一,以往教师是通过垄断知识和拥有知识势能的方式来主导课堂教学以及赢得学生的向师性的，现在，很抱歉，知识生产和传播都去中心化了，教师的知识势能也随之遭遇挑战；其二，以往教师的科研工作往往是锁定在一个狭窄的研究领域之内做深耕细作，现在学科壁垒被打破了，"大水漫灌式"的知识增量倾泻而下，跨学科竞争、多学科融合、交叉学科成长都势不可挡，使得教师不能再仅凭守好自己的一亩三分地就衣食无忧，需要投奔星辰大海才能维持自己的科研产出数量与质量，谋得一杯羹；其三，以往教师带学生更像是种"师徒制"，教师拥有至高权威和生杀大权，学生唯唯诺诺、亦步亦趋方能修成正果，现在带的学生更像是教师的"合伙人"，学生的知识视野也许并不比教师狭窄，学生对学科前沿研究方法的掌握水平、外文文献的检索与阅读水平也很有可能超越老师，优势互补、合作共赢才更接近现在指导学生的本质。

面对这一系列挑战，我们高校教师不得不在展望职业未来前景的时候停下脚步，思考一个更为基础性的问题：怎样活下来？而终身学习，就是摆在高校教师眼前的"求存"策略。

什么是终身学习？

终身学习的字面意思就是活到老、学到老，要学习一辈子。这是面对知识爆发时代的一种学习策略的转换。从以往的先学习、后工作策略，转换到知识爆发时代的先学习，再一边工作一边学习，学习学习再学习策略。以往的学习一般是以完成学校的学历教育、获得文凭为标志的，"学业有成"或"学成归国"里的"学"

字，指的就是完成了学历教育。而在知识爆发时代，完成学历教育，学习之路才刚刚开始并且要贯穿我们的职业生涯，甚至要贯穿我们的一生。正因如此，越早意识到这个问题，树立终身学习理念，培养终身学习能力，越能从中受益。

终身学习要学什么？

在我看来，学习的内容就隐藏在知识爆发时代高校教师面临的诸多挑战之中。其一，由于知识生产和传播的去中心化属性，高校教师想要在教学中维持知识势能已经变得不再可能。因此，授课中的知识讲解要让位于经验方法的传授和思辨能力，观察、分析和解决问题能力的培养。这就对我们提出了更高的要求，为了经验方法的有效传授和能力的高质量输出，需要学习相关知识、理论和技能。其二，鉴于科研领域内的跨学科竞争、多学科融合、交叉学科成长都势不可挡，我们教师也要勇敢走出舒适区，拥抱这种趋势和变化。为此，要有意识地让自己的科研工作从学科导向转向问题导向，积极开阔自己的跨学科视野，开展多学科以及交叉学科的广泛学习与交流。近两年，我申报自己研究专长领域的民族学科研项目屡屡失利，而身边做行政管理、搞新闻传播的同事却先后中标了国家民委的民族研究项目和国家社科基金的民族学选题项目。必须承认，这两起"事件"对我的触动很大，看来我也必须要跨过学科壁垒去"动动别人的奶酪"了；其三，既然带学生这项工作已经从以往的"师徒制"关系转型为"合伙人"模式，那就坦然接受这种变化，努力实现优势互补、合作共赢。

比如，我们来做科研选题的引路人和学术质量的监督者，然后以我们的经验优势来加持学生的"技术能力"，协助学生顺利毕业，拿到学位。这种师生关系的转型对我们重新定位身份角色、把握学界新知和研究热点提出了更高的要求，相关内容的学习也就成为必须要去完成的任务。

当然，以上讨论都是围绕岗位职责来展开的。如果从岗位职责乃至职业生涯中跳脱出来，需要学习的内容就更为丰富，也更符合"终身学习"的本意。受本书讨论议题的限制，就不对职业生涯之外的学习内容加以分析了。

终身学习要怎么学？

结合前面对于知识爆发时代的描述和我对终身学习的理解，终身学习的方法论可以包括：其一，利用好碎片时间，进行碎片化的学习。其实学历教育结束之后我们就不该再去追求完整周期、整段时间的系统学习了，而是缺什么补什么，哪里最要紧就直接从哪里学起来。学习的时间和内容都具有碎片化特征，但这并不影响我们在知识领域补齐短板、开疆拓土。其二，有意识地进行跨界学习，追求跨界的成功。在自己深耕领域和专业方向上保持优势的同时，还要看到它们与相关领域和专业之间缓冲地带和中间区域，那里是新的沃土，孕育新的希望。如果能拥有两种优势甚至多种优势，就有了"求存"的腾挪空间，大大提高了成功的概率。和李宁同时代的奥运冠军们，我们还能记住几个？李宁之所以还被记得，是因为他除了奥运冠军的头衔之外，还开辟了商业上的传奇。其三，放弃"农耕式"的学习方式，做一个知识上的"游牧民族"。所谓"农耕式"的学习就是找到一块地，然后在里面播种填土、灌溉施肥，这显然跟不上知识爆发时代的步伐了。要像"游牧民族"那样，哪里水草丰美就去哪里游牧，一辈子都不能停。小米的创始人曾经说过，"不要用战术上的勤奋来掩饰战略上的懒惰"。固守自己的那一亩三分地精耕细作，不去放手"游牧"，就是一种战略上的懒惰。

要点总结

知识爆发时代给高校青年教师的教学、科研和带学生等本职工作都带来了诸多挑战，拥有终身学习的意识、能力并且积极行动起来，才能更好地应对挑战。养成终身学习的习惯，要做到以下三点：1. 利用好碎片时间，进行碎片化的学习；2. 有意识地进行跨界学习，追求跨界的成功；3. 放弃"农耕式"的学习方式，做一个知识上的"游牧民族"。

后记

"过好这一生"才是真正的战略

我始终认为,最美好的人生莫过于:既有所成,又无所用。

之所以如此,是因为人生像一枚硬币那样由两个面构成,一个面要面对世界,另一个面要面对自己。面对世界这一面,要追求"有所成"。毕竟,取得世俗意义上的成功,符合这个时代场景之下公认的成功标准,是获得人生幸福、实现人生价值的重要途径。而面对自己那一面,则要做到"无所用"。因为一旦我们太过偏执于"有所成",就有把人生工具化的嫌疑,让自己沦为"有所成"的奴隶。因此,要在追求成功的同时保有对于"我是谁"的清晰体感,感受生命之美好、享受生活之乐趣,独立而自由,从容而自在。有句话说得特别好,"愿你出走半生,归来仍是少年",就是这种感觉。既有所成,又无所用——这就是我能想到的最美好的人生。

对于每一位高校青年教师而言,教学、科研和带学生是本职工作,也是让我们的人生"有所成"的重要途径。它既能用以谋生,又能让我们获得内在的价值感和被社会所认可的成就感。同时,我们也要在工作之外,给自己留下足够的时间和空间,陪伴家人,发展兴趣爱好,深刻感知"我"的存在,让人生"无所用"的这一面发光发热。比如,我喜欢旅行,尤其是自驾游。2018年的暑假,我们一家三口自驾去了西藏,青藏川一路走走停停,跑了31天,往返行程9936公里;再如,我喜欢看电影,碰到深有感触的影片,还会随手写下点文字。2020年7月,我的电影随笔集《伤花怒放的影像人生》出版了——这本电影随笔真的特别没用,既不能评职称,也不能涨工资,更不会赚到钱。然而我觉得,听从自己内心的呼唤,过好这一生,远比遵从社会评价标准、获得世俗成功来得重要。毕竟,人生不是用来实现某个战略的工具,"过好这一生"才是我们真正的战略。

因此,虽然本书聚焦高校青年教师向上发展问题,致力于从"有所成"的维度提供高价值内容,然而必须承认,能站在人生全局高度,统筹"有所成"和"无所用"两个维度,让两者相得益彰、珠联璧合,才是我们每个人"过好这一生"该有的样子。

这本书能顺利出版,要感谢我接近20年的高校教师从业经历,更要感谢清华大学出版社的顾强编辑。一方面,没有20年长期从业经历的深度沉浸体验,我就没有可能形成对于高校教师职业生态的全局认知地图,也没有机会形成对于高校青年教师向上发展的系统分析框架。显然，没有这些作为支撑，我也就失去写作这本书的资格了。另一方面，也是更为重要的，如果没有顾老师及其编辑团队给予的充分信任和鼎力支持，这本书也就不可能付梓，以现在的样貌出现在读者面前。在进行选题设计和内容布局的三个多月时间里，我在顾老师的点拨下四易其稿，才最终敲定现在的写作框架和篇章结构。在具体内容写作的过程中，更是多次得到顾老师的鞭策和扶正。时刻谨记"以读者为中心"原则，以能为读者提供高价值、可操作、易执行的内容为导向而进行知识、技能和态度的持续输出，是我从顾老师这里学到的最重要一课，也是我和清华大学出版社合作的最大收获。

最后，让我以希腊现代诗人卡瓦菲斯《伊萨卡岛》里的诗句作为结束吧。也把这句诗送给每一位有梦想、肯努力的高校青年教师，让我们相伴成长、终身学习、持续精进：

当你启程前往伊萨卡，
那么就祈祷那道路漫长，
充满历险，充满知识。

老踏

2022 年 5 月 23 日